# PSICOLOGÍA OSCURA

La Guía Definitiva de la Psicología Oscura, Un Nuevo Enfoque de la Persuasión y la Manipulación a Través de las Mejores Técnicas Prohibidas de Negociación, PNL y Lenguaje Corporal

## Darell Wise

## Sumario

# Introducción

**Psicología oscura, un nuevo nivel, el arte de convencimiento aplicando herramientas psicológicas comprobables**

Muchas personas hemos aceptado que las creencias esotéricas como lo son la brujería, el vudú, las religiones, los signos y esa clase de cosas si bien, no son ciertas en lo más mínimo, poseen un gran nivel de influencias en las personas y podemos encontrar algunas cosas que realmente no son de una forma por lo que son, sí que se transforman en esa forma por lo que dicen de ellos que son.

Por dar un ejemplo más simple, hablemos de los signos. Si toda tu vida te dicen que eres del signo Géminis, y siempre lees y escuchas que los géminis son personas indecisas, con el tiempo, te transformas en una persona indecisa. Pero no es por el signo que eres, es porque te han sugestionado a creer que eres de esa forma hasta el punto que en verdad lo eres.

Desde el principio de los tiempos, la idea y de los más ambiciosos de poder dominar las masas ha existido, esto posee un motivo simple. Es fácil pensar que es el dinero el que mueve el mundo, quizás la comida incluso se puede decir que la fama, pero la verdad es que no, el poder lo tiene aquel que es capaz de influir en una mayor cantidad de personas y pueden hacer que hagan lo que digan.

Demos otro ejemplo simple, quizás un hombre trabajador, pero poco social puede hacerse de unos 100$ al día, y esto es un buen ingreso, pero una persona con mucho carisma y unos 10.000 seguidores en Instagram puede pedir a sus seguidores 1$ al día. Quizás no todos lo hagan, pero si el 10% lo hace tendrá 1000$ diarios, solamente por poder influenciar en las masas.

Lo mismo afecta en cada uno de los aspectos, el dinero, la buena comida, la capacidad de quien tiene la razón muchas veces no está en el que sea más inteligente, si no el más convincente al momento de hablar. El poder del convencimiento es una de las más grandes herramientas y la pregunta que te trae hasta aquí es ¿Cómo obtener ese poder?

El primer ejemplo de su funcionamiento y capacidad de captar público con las herramientas que hoy voy a compartir está en el simple hecho de que me estás leyendo.

¿Qué hice para eso? Si lo sé, y a la vez, no. De muchas formas pude captar tu atención, publicidad, la portada del libro, escuchas alguna vez de mí, de un modo u otro logra atraerte hasta mí y lo que quieres saber es como. ¿Qué hice de especial?

Pues la verdad es que cada persona cae de maneras diferentes, y para captar la atención de muchas personas con mi libro, decidí aplicar muchas técnicas diferentes. Todas estas herramientas que llegue a usar.

Podemos encontrar el arte de la manipulación en diversas acciones y hechos de la historia, algunos que fueron muy nobles como otros, no tanto.

Primero encontramos el poder que tiene la iglesia y la hipocresía de muchos seguidores. Hemos visto a lo largo de los años el cambio de papa, como al salir uno nuevo diciendo algo completamente diferente a lo dicho por años sus seguidores repentinamente cambian de parecer a lo que siempre han creído, y deciden creer a lo que el nuevo papa está afirmando.

Esto también lo encontramos en la política, aquellas personas que por algún motivo u otro ha logrado llegar a las masas con promesas y afirmaciones que muchas veces nunca cumplen, pero logran tener seguidores por mucho tiempo, sin importar la gran cantidad de fallas.

Esos futbolistas que muchas veces no hacen nada en el juego pero tienen cientos de seguidores que ven el partido y están ahí metidos únicamente para ver que van a hacer, esos son los seguidores que de un modo u otro, fueron manipulados.

Y no creas, no siempre lo hacen de forma consciente, algunas de estas personas simplemente poseen cualidades natas carismáticas para captar seguidores, pero esto no significa que si no naciste con estas capacidades no puedas tenerlas y usarlas a tu favor. Al contrario, nos dice que si es posible y tenemos buenos ejemplos para estudiar sus acciones y conductas para que todos puedan tenerlas.

Pero la palabra clave es "Fanáticos" fanaticada, es donde puedes cambiar la percepción de las personas y no verte con aprecio, con cariño, como un amigo, si no como fanáticos, es cuando la gente es fanática cuando empiezan a dejar de pensar y deciden que tú pienses por ellos.

Esto te permite elegir por ellos y estar con grupos grandes y no pasar por incomodidades de que se va a hacer, comer o beber. Todos están esperando que tú decidas y todos comerán lo que tu comas, harán lo que tú haces y beberán la marca que tu consideres mejor en ese momento.

Esta clase de acciones toman partido en un área que muchos llaman la psicología oscura. Es conocida por muchas personas, algunas la han visualizado como algo negativo, pero nada más lejos de la realidad. Realmente es completamente positiva si es usada con una buena causa, no se trata de alejar a los demás de su libre albedrío, si no de acercarlos a las decisiones correctas.

Aunque claro está, también la comodidad de uno mismo. Entremos más en ese tema.

# Capítulo 1: ¿Qué es la psicología Oscura?

Existen muchas formas de definir de forma incorrecta a la psicología oscura, y principalmente están aquellas que afirman que son una forma "Negativa" o "malvada" de usar la psicología. La realidad no tiene nada que ver, simplemente son herramientas que efectivamente existen en la psicología, la maldad o las cosas negativas no dependen de la psicología oscura por sí sola, dependen de las personas que la apliquen.

Es el tramo de la psicología donde se nos explica y nos enseña cómo notar las fortalezas personales y las debilidades de otras personas para poder usarlas a nuestro favor. Claro, si consideramos estos dos puntos, las fortalezas y debilidades, es muy fácil pensar que es algo malo, pero no necesariamente.

Se le considera también como parte de la psicología oscura a todas esas conductas y comportamientos muy parecidos y arriesgados a las personalidades criminales, aquellas formas de actuar frente a las víctimas que en esta oportunidad serán nuestros fanáticos.

El pensamiento de aquellos que aplican la psicología oscura de forma negativa se enfoca en convertirse a ellos mismos en víctimas de ser necesario, o ver a sus víctimas como personas débiles dispuestas a compensar y mostrar sus fortalezas de cualquier forma. Es de esta manera que entra la manipulación hacia los demás.

Es importante saber que la psicología oscura no busca ni enfoca sus seguidores porque sean débiles, en realidad, se puede aplicar con cualquier persona que de cierta forma se considere muy fuerte, pero la búsqueda de su debilidad es donde se aplica la psicología oscura.

Es algo que siempre está presente tomando las debilidades de las masas para beneficios de algunos pocos, y se puede ver bastante en el mercado.

Es simple, un producto entre más deseado sea, mayor será el precio que colocaran, porque la gente lo desea, lo quiere, necesita tenerlo, ese producto se convirtió en su debilidad, y el que tiene el producto es el que tiene el control de las masas, y lo puede volver incluso más deseado aplicando la psicología oscura.

Otras alternativas que toman muchas veces los practicante de la psicología oscura y que ayuda a definirla es la manipulación emocional o el uso del "amor" como herramienta para obtener lo que uno desea, de esta forma, aquellos que son débiles emocionalmente y necesitan muestras de amor simple pueden ofrecer grandes recompensas por entregar cosas sencillas como lo puede ser un abrazo o un simple te quiero.

De esta misma forma, la manipulación emocional nos lleva a otra herramienta juzgada pero muy usada en la psicología oscura es la mentira, pero las mentiras con un toque de gracia y elegancia.

En la psicología oscura no se le llama mentira a ocultar la verdad, simplemente se debe hablar hasta donde se convenga, y el futuro es un punto incierto por lo que se diga hoy no debe ser una condena para mañana.

La lectura de las personas, sus rasgos corporales es parte importante de la psicología oscura. Esto ya entra a una rama psicológica existente que sirve para analizar a las personas desde su forma de caminar, de vestir, y notar varias cosas de ellos. Al saber cómo son, puedes saber qué quieren, qué buscan, qué puedes hacer para obtener lo que quieres y fingir ser lo que ellos necesitan y quieren en sus vidas.

Aunque la psicología oscura no es una corriente oficial de la psicología ni una ciencia demostrable, es un hecho que siempre ha existido, que se puede usar y negarlo sería entrar en un debate que lamentablemente, aquel que gane afirmando que la psicología oscura no existe y logre persuadir de eso, posiblemente esté usando la misma psicología oscura para que tu creas lo que él quiere creer. A los poderosos no les gusta repartir el poder, no quieren más gente poderosa en el mundo, los ricos ya están contando y no quieren más. Por eso siempre te dirán que no.

Otro punto fundamental de la psicología oscura es que no es solo una herramienta que te va a permitir obtener lo que quieras de los demás, si no que podrás diferenciar meticulosamente cuando una persona posee intenciones sinceras o motivos sinceros hacia ti o está usando la misma psicología oscura sea de forma consciente o inconsciente para que caigas en sus manipulaciones.

En otras palabras, es tanto ataque como defensa, es para usar y ser usada, es un conocimiento que se puede considerar no solo como psicología, si no como una filosofía y estilo de vida.

Aunque es muy importante diferenciar varios puntos clave que separan la psicología científica y contemporánea con la psicología oscura. Aunque ya se dijo en un principio que no son lo mismo, y que la psicología oscura no es considerada parte de la psicología, es bueno dejar en claro el porqué.

También, es importante tener ciertos conocimientos básicos de la psicología para aplicar la psicología oscura, pero estos conocimientos los profundizaremos más adelante, primero hablemos de las diferencias fundamentales.

## 1.1 ¿Qué diferencia la psicología oscura de la psicología como ciencia?

Si somos sinceros, existe una gran cantidad de diferencias entre la psicología y la psicología oscura, pero la realidad es que se juntan en los conocimientos que se requiere tener para poder ser funcionales.

Irónicamente, una no puede existir sin la otra. Pero mientras la psicología oscura acepta la existencia de la psicología, respeta su respectivo rol de ciencia y aprecia sus enseñanzas, la psicología no quiere aceptar que la psicología oscura nace de sus mismos estudios y enseñanzas con el pasar de los años.

Teorías que podemos encontrar en el conductismo operante desarrollado por Watson o la existencia del ello teorizado por Freud, son temas que la psicología oscura usa a su favor para mantener.

De igual forma, existen exponentes fuera del área de la psicología, siendo más bien filósofos, quienes observan desde afuera como la psicología y la psicología oscura son dos parte de un misma moneda, siendo una la aplicable en pacientes, que es la psicología científica y otra aplicable en la vida personal.

Se puede considerar que la psicología oscura cumple un factor de claridad en la vida personal de las personas, siendo algo sumamente irónico. Tomando en cuenta este concepto podemos deducir que no sólo la psicología oscura depende de los hallazgos de la psicología como ciencia, si no que la psicología como ciencia depende que sus científicos apliquen la psicología oscura en ellos mismos para poder avanzar.

Con esto no queremos decir que la ciencia de la psicología esté manipulada, pero poseen los conocimientos necesarios, precisamente, para que sus resultados no sean alterados al momento de hacer sus experimentos.

Una vez visto los factores psicológicos e incluso como la filosofía ve la existencia de la psicología oscura como un hecho innegable, es más fácil poder diferenciar una de la otra, pero no podemos negar que tienen muchos parecidos.

Aunque algo que otros filósofos mencionan y se debe considerar también como un hecho, es que no solo posee rasgos de la psicología con sus conocimientos, sino que también tiene factores de práctica aplicables muy parecidos a la filosofía.

Los factores prácticos como una corriente filosófica y no como una ciencia o una religión es de los puntos clave que hacen la psicología oscura como algo único.

Ya dejando eso en claro, vamos a graficar las diferencias de una forma más fácil de entender.

| Psicología Oscura | Psicología científica |
|---|---|
| • Se aplica todos los días en uno mismo. | • Como carrera profesional se debe aplicar en consulta. |
| • Tu guías tu propio camino. | • La guía está bajo un profesional. |
| • Es un conocimiento que se adquiere de forma autodidacta. | • El conocimiento se adquiere bajo educación profesional y avanzada. |
| • Todos tienen acceso a ella aunque intenten decirte lo contrario. | • Para acceder a ella se debe pasar por la universidad. |
| • Los conocimientos que imparten buscan protegerse de los demás y que llegues a lograr tus objetivos sociales. | • Busca ser mejor como persona en todos los aspectos, los objetivos personales y la protección es solo una parte de todo lo que ofrece. |
| • Posee una serie de rasgos que debes reforzar | • No existen rasgos específicos en la psicología, se |

y reconocer en ti mismo para mejorar.

• Toma sus conocimientos de forma empírica, por la observación y directamente de la psicología.

• Sus resultados siempre buscan ser lo mismo, lo que va variando es el método.

• La práctica se considera un estilo de vida constante y práctico.

• Las técnicas son de conocimiento público para que todos puedan aplicarlas.

• Se consideran peligrosas debido a sus técnicas ortodoxas, pero la verdad es que son de beneficios personales.

enfocan en cada persona de manera individual.

• Aplica diversos métodos científicos para validar sus conocimientos de forma objetiva.

• Sus resultados tienden a variar dependiendo de la persona a la que se le aplique.

• Su práctica es terapéutica y se aplica bajo horarios fuera de la vida diaria.

• Sus métodos terapéuticos son rígidos y solo están al alcance de los profesionales.

• Aunque aún existen personas que no les gusta la idea de ir al psicólogo, todos están de acuerdo que traen grandes beneficios.

• Los psicólogos generalmente saben bastante

| | |
|---|---|
| ● Las personas que aplican la psicología oscura deben saber un poco de psicología. | de la psicología oscura aunque algunos lo nieguen. |

El punto más diferencial a tomar en cuenta es que la psicología toma en cuenta todos los rasgos de personalidad existentes, incluso se mantiene en constante actualización para garantizar una seguridad al momento de determinar un trastorno o la personalidad de la persona. Pero la psicología oscura se basa principalmente en tres rasgos, los cuales son:

## 1.2 ¿Cuáles son los rasgos más fundamentales de la Psicología Oscura?

Estos son conocidos como la triada oscura. No es para menos, porque los rasgos que vamos a mencionar generalmente se consideran como negativos, rasgos malvados de algunas personas pero la realidad es que se pueden desarrollar de forma positiva para obtener beneficios.

La importancia al momento de determinar que es bueno y que está mal no está en uno, está en los demás. Si no le haces daño a nadie, si no está en tu intención hacerlo ni en tus consecuencias evidentes, no se te puede considerar como alguien malo.

Claro, nunca faltara la persona que por envidia o celos te considere una persona malvada por sacar cualquiera de las características de la triada oscura, sin embargo no dejes que las energías negativas de los demás influyan en ti. Tú no eres malvada, tú no estás buscando ni deseando que te envidien, al contrario, tu éxito debe ser ejemplo para el éxito de los demás, pero si ellos quieren vivir en su fracaso es algo que decidieron de forma voluntaria por lo que no te debe afectar.

Un punto importante es que es un nombre que sí es oficial en la psicología, siendo estos los tres rasgos que se consideran más dañinos y destructivos en una persona, algo que es verdad si no son manejados de forma positiva. La psicología prefiere no hacerlo mientras que la psicología oscura te ayudará a lograr tomar el narcisismo, al maquiavelismo y la psicopatía como una gran ventaja social.

La idea, es aceptar, amarrar y amar esta clase de rasgos que tenemos dentro de nosotros. Si bien es verdad que algunos más marcados que otros, todos los tenemos y todos podemos sacarle el máximo provecho a estos.

Comencemos a definir cada uno.

## 1.3 El Maquiavelismo

Un nombre que para algunos le hará ruido y pensarán rápidamente en el filósofo y político Maquiavelo, autor de varios libros e influencia tanto para este rasgo de personalidad como para su época y la filosofía moderna.

Se hace énfasis en su obra conocida "El príncipe" donde menciona cuales son los principios y métodos para aplicar y poder influenciar en los demás. Un excelente libro que aquellos que no han tenido la oportunidad de leer, se los recomiendo.

La lectura del libro crea un acercamiento al pensamiento maquiavélico, pero no a lo que es una persona maquiavélica. Si, aunque suene algo confuso, son dos puntos diferentes, ya que el pensamiento maquiavélico puede ser momentáneo mientras que la persona maquiavélica como hemos dicho de la psicología oscura, es un constante.

Consiste en mantener un pensamiento basado en las prioridades objetivas, en pensar cuáles son las mejores acciones y decisiones al momento de hacer o decir algo. Lo que se haga no debe afectar a uno mismo de forma negativa y más importante aún, debe traer beneficios.

Es un pensamiento que rige a las personas maquiavélicas antes de cualquier situación, una pregunta qué sería "¿Esto qué haré o diré, me traerá consecuencias o beneficios?" Si la respuesta es beneficios, se hace, si son consecuencias, no.

Claro es un poco más profundo que eso, porque una sola acción puede traer tanto consecuencias como beneficios, y es donde se debe determinar que es más grande, las consecuencias de los actos o los beneficios.

Siempre pensando en primera persona, la persona maquiavélica considera primero los beneficios personales, y si trae consecuencias a terceros, mientras los beneficios personales sean superiores, se debe seguir adelante.

Son expertos en buscar los mejores resultados al momento de hacer algo, siempre con beneficios, pero siempre manteniendo una imagen personal intacta para garantizar resultados positivos a largo plazo. Quizás una acción caiga mal a unos pocos, pero caerá bien a la mayoría, por lo que se debe seguir adelante.

No es algo personal, no es porque caerle bien a una persona en específico, los resultados sociales son contables y se considera siempre aquellos que sea más conveniente caer bien a largo plazo por los beneficios de estar cerca de esas personas.

Siempre logran su objetivo, evitando dañar su imagen personal.

## 1.4 La psicopatía

Cuando se habla de psicopatía es normal pensar en personas malvadas, gente dispuesta a hacer daño, pero realmente ese es un aspecto impuesto por los medios sociales, series y películas. La verdad es que ser psicópata no te inclina necesariamente a ser alguien malvado.

La psicopatía se identifica principalmente por la imposibilidad de sentir emociones comunes, de generar empatía hacia otras personas. Este rasgo se diferencia del sociópata, porque mientras el psicópata es incapaz de sentir empatía, el sociópata rara vez siente empatía.

Irónicamente, aunque son incapaces de generar empatía, tienden a ser personas muy empáticas y superficialmente educadas y atractivas que causan empatía en los demás, de esta forma ellos suelen caer muy bien a otras personas.

Al momento de actuar, no les importa que tan bueno le pueda caer a otra persona, realmente no siente ninguna clase de remordimiento al momento de hacer algo que pueda afectar a otros.

Aunque generalmente son considerados asesinos o personas peligrosas como ya mencionamos por culpa de las películas y de las series que los han pintado siempre como villanos, la realidad es que en nuestro mundo real son personas generalmente vestidas de etiqueta, elegantes y se pueden ver en buenos cargos sociales. Estos pueden llegar a tener cargos políticos, empresariales o sociales muy notorios.

Su capacidad de llegar lejos en diversas áreas sociales está precisamente en la importancia que le dan a su deseo y la incapacidad de considerar a los demás. Se diferencia del maquiavelismo es que los Maquiavelo buscan siempre una imagen de perfección y es fundamental que los demás lo noten. Al psicópata no le interesa en lo más mínimo la opinión de los demás, solo le gusta lucir bien y llegar lejos para el mismo.

Aunque son parecidos, y si pueden ir juntos, tienen sus diferencias. Se puede decir que el junte del maquiavelismo y la psicopatía es la sociópata. Pero aún falta un rasgo a considerar.

## 1.5 El Narcisismo

El tercer aspecto de la triada oscura y teóricamente, el menos peligroso de todos es el narcisismo. El mismo años atrás se consideraba un gen narcisista, es decir, que genéticamente se estaba prediseñado a ser de esa forma, pero es algo que ya se descartó.

Al pensar en un narcisista, lo primero que nos pasa por la mente a todos es una persona que se ama demasiado, alguien que va por la vida mirando su reflejo en cualquier vidrio que se tope. Pero es mucho más que eso.

El amor propio es una cualidad positiva que es injusto que socialmente se haya satanizado considerando que es algo malo, que no es recomendable ni saludable andar por la vida siempre amándose, cuando realmente, no existe nada más saludable que sentirse amado por uno mismo y descartar toda necesidad de amor externo.

La autoestima alta ya se ha visto como algo negativo, pero consideramos que si esa autoestima alta puede llegar a ser muy beneficiosa debido a que, aunque una cosa es que se crea importante, y otra es hacer todo lo posible para demostrar que es tan perfecto como se cree.

Este deseo de demostrar su perfección es lo que puede motivar a un narcisista a mantenerse siempre cumpliendo las altas expectativas auto impuestas, siempre estudiando, mejorando, cuidando su imagen personal y sobre todo esforzándose para superarse. Si lo vemos de esa forma el narcisismo no es tan malo.

Aunque uno de los problemas de las personas narcisistas es la incapacidad de escuchar consejos de otras personas. Mientras que los maquiavélicos siempre están atentos a lo que dicen de ellos y los psicópatas procuran que simplemente no le digan nada, los narcisistas por su lado llaman mucho la atención y es normal que hablen de ellos, pero si hablan mal de ellos no lo toman nada bien.

Cualquier clase de crítica afectará su criterio sobre sí mismo, porque en su mente no puede ni debe ser criticado. Efectivamente, esta idea de que es incuestionable es la que se debe trabajar para llevar un narcisismo positivo bajo la aplicación de la psicología oscura.

Esta triada es importante de reconocer y conocer para aceptar si se tiene uno o varios de los aspectos mencionados. De no tener ninguno de forma innata, se pueden ir desarrollando de forma positiva, pero para eso es importante tener una serie de conocimientos previos de psicología e incluso de filosofía para poder manejar la psicología oscura de forma positiva.

El poder trabajar con varios conocimientos al mismo tiempo nos lleva a desarrollar un pensamiento crítico más objetivo, donde no te podrás limitar a lo que un autor dice, una corriente, una ciencia o una ideología, sino que podrás tomar lo mejor de cada una para en ti ir formando una identidad.

La búsqueda de conocimientos libres es algo complicada a veces, por lo que no es malo buscar cursos, videos en YouTube, profesores o guías para distintas áreas, meditación, yoga, algún arte marcial, todo te va a servir. Pero no esperes un guía de la psicología oscura porque es un camino que debes tomar solo, lo importante es que lo complementen con otros estudios y disciplinas.

Aunque claro está, no es necesario tomar una carrera completa para tener un mejor conocimiento, pero si es necesario saber algunos temas al respecto los cuales vamos a mencionar, y quizás recomendar un par de libros para poder nutrirse más del tema.

# Capitulo 2: Conocimientos psicólogos necesarios para manejar la psicología oscura

La psicología es una carrera de 5 años, por lo que lógicamente tiene bastante información y temas a manejar. Eso sin mencionar que existen posgrados, diplomados, cursos y mucho más. Obviamente pedir tener todos los conocimientos de la psicología sería exigir demasiado, pero afortunadamente no es necesario llegar a esa gran cantidad de conocimientos para dominar la triada oscura.

Son puntos básicos los que son importantes conocer e incluso dominar de cierta forma para poder manejar el arte de la manipulación y obtener los beneficios deseados. Como ya se ha mencionado, la psicología oscura aprovecha los estudios psicológicos para sus propios beneficios y se aplica de forma filosófica como estilo de vida.

Podría mencionar directamente los puntos clave a aprender, pero considero más prudente mencionar de forma ligeramente más profunda los las ramas psicológicas, estudios y algunos autores de forma que todo aquel que desee profundizar más del tema.

La idea que se propone en este libro es abrir un mundo de posibilidades con la psicología oscura y crear en cada uno de los lectores la curiosidad y necesidad de ir aprendiendo más. Este libro es solo el comienzo de una gran cantidad de conocimientos. Después de leerlo por completo se sentirá una satisfacción extraña, el placer de saber que los ojos ahora están abiertos, pero con la seguridad de que es el momento de empezar a ver el mundo como de verdad es, y no solo mediante lo expuesto aquí, si no ampliando los conocimientos con otra serie de libros históricos que han servido para el avance de las ciencias sociales y de la filosofía.

Para poder realizar una serie de acciones buscando el máximo provecho, siempre es necesario aprender al máximo del tema.

Por ejemplo, existen personas que con las matemáticas y los números son más rápido incluso que una calculadora. Esto se debe no solo a sus talentos natos si no a la práctica constante matemática, estar tanto tiempo estudiando de sumas, restas, multiplicaciones, ecuaciones y temas derivados de los números vuelven el cerebro más ágil y permite sacar ecuaciones que para algunos son complicadas de forma muy sencillas.

Para no complicarnos con cada uno de los detalles, que implica la psicóloga y todas sus corrientes y ramas, vamos a mencionar y explicar 3 de sus escuelas más conocidas las cuales están íntimamente ligadas a la psicología oscura. Pero primero, ¿Qué son las escuelas de psicología?

Estas son las corrientes que cada psicólogo tiene que aprender, pueden optar por dedicarse a solamente a uno y profundizarlas o ser holísticos y practicar todas por igual para aplicar aquella con que se sienta más cómodo.

Cada corriente ofrece una percepción de cómo estudiar, medir y ayudar a la psique humana de formas diferentes con métodos prácticos ofreciendo excelentes resultados. La idea es aplicar varias corrientes y métodos para ver si dan los mismos resultados y de esta forma, determinar el buen estado del paciente.

Las técnicas que aplican cada corriente de la psicología busca hacer que el paciente mejore, pero estas mismas técnicas pueden ser aplicadas por la psicología oscura en uno mismo y en los demás para obtener mejores resultados. Este es el punto donde la psicología y la psicología oscura se unen. Vamos a definir y separar por corrientes psicológicas estas técnicas.

## 2.1 Conductismo en la psicología oscura

El conductismo o condicionamiento nombrado así por Frederick Skinner, es un método de enseñanza y aprendizaje que se aplica mucho en la psicología para que una conducta aparezca de forma más seguida o deje de aparecer.

Iván Pávlov, uno de los padres de este método realizó experimentos conocidos mundialmente, especialmente el del perro y la campana, el cual llamó condicionamiento clásico.

Este estudio tiene una fórmula fácil de aplicar en la vida real que consiste en que un estímulo incondicionado (EI) se pare con un estímulo neutro (EN) creando un estímulo condicionado (EC).

El experimento consiste en un perro que le muestra la comida mientras suena la campana. El perro saliva mientras ve la comida siendo la comida el EI, al mismo tiempo, suena la campana, el EN. Estos dos estímulos se van juntando, creando en el cerebro una asociación.

El cerebro asocia el EN con el EI, creando el EC. Esto se demostró sonando la campana sin necesidad de mostrar la comida y viendo como el perro salivaba. Él consideraba que ya era hora de comer por escuchar la campana y desde ese momento iba salivando.

De esta misma forma, la psicología oscura va trabajando a las personas creando estímulos neutrales y volviéndolo estímulos condicionados, de forma que las personas vayan agarrando costumbres y costumbres con uno. De esta manera la manipulación más simple de todas se va creando, y es algo que siempre ha existido en toda clase de ámbitos.

Un ejemplo que podemos encontrar está en las propinas, cuando un mesonero trabaja muy bien y se le da una propina, él recibe un estímulo positivo, se siente feliz. Seguirá trabajando bien esperando recibir el mismo resultado.

El problema con el condicionamiento clásico es que rápidamente puede ser roto. Si ese mismo mesonero trabaja bien por un par de semanas sin recibir propinas, perderá la estimulación, por lo que dejará de trabajar bien ya que no siente la motivación deseada.

Este acondicionamiento basado solamente en estímulos apareándose es la más simple de aplicar. Existen métodos para dejar de fumar o decir malas palabras donde las personas se ponen una liga para darse pequeños golpes en la mano. Luego, asocian directamente el consumo del cigarro o las malas palabras con el dolor.

De igual forma podemos manipular a las personas con un regalo simple, un chocolate cada vez que nos vea, siempre un detalle pequeño. En el momento que quitemos el detalle la persona ya estará acondicionada a alegrarse y sentir felicidad con nuestra presencia.

Frederick Skinner habla de un acondicionamiento operativo u operante, siendo este un poco más complejo que el condicionamiento clásico pero también fundamental en la psicología oscura.

El condicionamiento operante consiste en ligar no solamente estímulos si no sensaciones y emociones directamente a las acciones que realicemos, de esta forma podemos motivar a una persona a sentirse alegre con las mismas cosas que nos alegra o molesto con las cosas que nos molestan.

Los experimentos de Skinner fueron realizados con ratones en un laberinto, donde tenían que escapar e ir abriendo puertas. Estas tenían dos palancas, una la cual abría la puerta y otra lanzaba una descarga eléctrica. De igual forma, la palanca que abría era de color verde y la que hacía daño era de color rojo.

Después de varias repeticiones, decidió cambiar el laberinto, el orden de las palancas (Derecha o izquierda) pero manteniendo los colores. De esta forma Skinner se dio cuenta que los ratones asociaron de forma adecuada que color abre la puerta y cual le hacía daño, pero no era suficiente.

Usando nuevamente los mismos colores y los mismos ratones decidió aplicarlo esta vez con platos de comida. Aunque los dos tenían los mismos alimentos se notó que los ratones no se acercaban al plato rojo y el plato verde los devoraba por completo. De esta forma, logró crear en sus cerebros con el verde algo bueno y el rojo algo malo. ¿Se te hace familiar a algo en los humanos?

Exactamente, tenemos toda la vida pensando que verde es avanzar y rojo es parar, son los colores que la sociedad nos ha impuesto de forma operante y con el pasar de los años, desde siempre nos han hecho pensar y nos enseñaron que es la manera correcta de identificar las señales y obviamente los semáforos.

Es un método muy fácil de aplicar para la psicología oscura porque consiste básicamente es sobre estimular ciertas acciones o situaciones para que automáticamente se asocie de forma positiva o negativa.

Un método no oficial que los psicólogos no recomiendan a sus pacientes pero si lo conocen bien de acondicionamiento operante es colocar un poco de laxante a los pacientes con alcoholismo a sus bebidas, al menos a una. De esta forma dejan de sentir el placer constante que les causa estar bebiendo y lo terminan asociando con la desagradable necesidad de ir al baño corriendo.

Son métodos de manipulación que se aplican siempre buscando sumar algo placentero ante las acciones que quieren que se repitan y colocando cosas tortuosas en acciones que prefieres que la persona no las vuelva a hacer.

## 2.2 Gestalt en la psicología oscura

El Gestalt es una de las escuelas de psicología más llamativas por sus teorías basadas en lo abstracto, como las percepciones tanto visuales, de colores, palabras, etc.

Sus fundadores son Max Wertheimer, Wolfgang Köhler, Kurt Koffka y Kurt Lewin. Ellos plantean 6 principios fundamentales que manejan el Gestalt, pero realmente usaremos unos pocos que son los que la psicología oscura maneja en sus métodos de manipulación y control. Estos principios que sirven al momento de aplicar la psicología oscura son:

**Cierre de vacíos:** Cuando hablamos de psicología Gestalt, existen algunas imágenes donde podemos notar algunos puntos con un espacio vacío, dicho espacio nuestro cerebro sobreentiende que existe algo de por medio creando una figura que realmente no está, pero nuestra mente la forma.

En la psicología oscura para dejar acciones a medio terminar y ahorrar tiempo uno mismo. El principio del cierre no solo es en imágenes si no en acciones. Un ejemplo simple en este caso sería lavar los platos. Si lavas la gran mayoría de los platos pero ahorras algo de tiempo dejando unos pocos, la necesidad de cierre de otras personas los llevara a terminar el trabajo por ti en la mayoría de los casos.

**Simetría y Orden:** Otro método que la psicología oscura ha conseguido llevar a los diferentes métodos de manipulación y es la necesidad humana en algunos racionales y en otros a nivel compulsivo de que exista un orden y simetría en todo lo visible.

Una forma de lograr que las personas hagan algo por ti de forma visual y demostrable es hacer las acciones de forma inclinada hacía un lado, mayor mente, a la derecha, sea de forma literal o metafórica.

Por ejemplo, si van de viajes juntos y quieres que la persona ponga más dinero al momento de las compras de comida, asegúrate de comprar todo lo económico, que sea suficiente para comer pero no para comer sabroso. Nada de carnes, nada de pollo, ni refrescos. Con agua, pan y granos pusiste de tu parte pero carece de orden alimenticio, falta mucho por comer y ellos tendrán la necesidad de darle orden a sus dietas.

**Principio de similitud:** Este es el tercer y más importante principio que existe en la psicología Gestalt usado por la psicología oscura, el cual consiste en que las personas siempre buscarán imitar lo que hace la mayoría y buscar encajar en sus entornos sociales.

Esto ayuda al momento de querer manipular o cambiar a alguien haciendo un cambio completo del entorno para que él quiera actuar o ser de la misma forma. Algo muy común que podemos ver es en dos personas que son parejas que buscan de forma consciente o inconsciente vestirse iguales o tener rasgos que los identifiquen con el otro.

Las teorías de Gestalt son relativamente nuevas, nacidas en Alemania comenzando el siglo XX, una respuesta al conductismo dejando en claro que no todo era tan simple, una respuesta que la psicología oscura considera correcta. ¿El conductismo es útil? Claro, pero no lo es todo, existen otros métodos donde podemos abordar a las personas tomando en cuenta no solo su capacidad de aprender al momento de ser estimulado, si no que poseemos aprendizajes más complejos que nuestro cerebro ha ido captando por lo que podemos ir solucionando una serie de problemas de forma inconsciente.

Básicamente, más que un estudio de comportamientos, el Gestalt se enfoca en el proceso de la mente que en ese entonces se consideraba imposible de demostrar por no ser visible, pero el Gestal con algunas pruebas demostró lo contrario.

El Gestalt crea y considera que el mundo de nuestra imaginación está muy ligado a nuestro mundo real, a la forma en que lo vemos, como nuestros deseos y pensamientos pueden alterar gran parte de lo que somos. Es por eso que la psicología oscura aplica de forma tan magistral la escuela Gestalt, porque una parte fundamental del Gestalt consiste en lo imaginario, en lo que tenemos en nuestra mente, y la psicología oscura consiste en crear ideas en la otra persona sobre uno, crear la necesidad, el pensamiento de que uno es indispensable y quizás, no sea del todo cierto, puede ser imaginario, pero para eso entra el Gestalt.

El Gestalt considera que existe una verdad plena, pero muchas realidades que cada persona vive a su ritmo. Esto lo podemos ver en cosas simples como los gustos, a algunos les gusta el picante, otros no. Esto no lo hace ni bueno ni malo, solo de gustos diferentes, diferentes realidades.

Aunque cada quien tiene percepciones diferentes de la vida, es muy fácil notar la realidad que cada uno vive. Cuando una persona se considera totalmente importante, se nota, y muchas personas cuando se trata de la realidad propia, aceptan la realidad de los demás. En eso el Gestalt también participa para la psicología Oscura.

No es solamente alterar la realidad de los demás, también es necesario alterar la realidad nuestra para ser lo bastante convincente y que los demás estén de acuerdo con lo uno considera que lo es.

La manipulación de la realidad es fundamental, y son temas que profundizaremos más adelante, en este momento dejaremos la introducción al Gestalt y seguiremos con la tercera escuela psicología de gran impacto para la psicología Oscura.

## 2.3 Psicoanálisis en la psicología oscura

Entramos en una de las escuelas de psicología que de por sí sola se considera oscura, muy criticada e incluso algunos profesionales de la psicología no lo consideran una ciencia. Hablamos del psicoanálisis, el cual su fundador y máximo exponente es Sigmund Freud.

Sus estudios de psicología lo llevaron a considerar que existe más en la psique de lo que las ciencias básicas pueden ver, y se debe profundizar a la persona llegando hasta lo más profundo de su pasado. Considera que las etapas tempranas de la vida marcan una gran diferencia entre un adulto funcional y uno con problemas.

De esta forma, sacó una de sus teorías que se puede llevar y exprimir al máximo en la psicología oscura, la cual es el ello, yo y súper yo. Se puede definir de forma muy simple que el súper yo es el impulso narcisista de cumplir las leyes y siempre aparentar verse perfecto, el ello los impulsos más primitivos, el deseo simple como comer hasta los más carnales como el sexo.

Estos puntos trabajan como una trinidad, pero realmente, la psicología oscura solamente necesita dos puntos fundamentales, el súper yo y el ello.

El ello al ser los deseos, son un punto que podemos tomar a favor para la manipulación de los demás, sabemos cuáles son los deseos más simples de una persona, dinero, sexo, buena comida, fama, esa clase de cosas banales que de un modo u otro todos desean y se pueden usar para manipular a los demás.

Ahora, el punto clave que también debemos saber manejar es el súper yo, en este caso, el nivel de perfección que la gente quiere aparentar la gente se debe encontrar. Todos buscan cumplir con una imagen inmaculada de alguna forma u otra. Quizás se quiere ver perfecto en las clases, en el trabajo, los negocios, la familia, los amigos. Pero siempre quieren verse perfectos de alguna forma, y este es uno de los puntos débiles a manejar.

Tomando esto en cuenta, se puede llegar a puntos más específicos tanto del yo como del súper yo conociendo los principios del psicoanálisis, estos son:

- La personalidad de las personas está marcada desde la primera infancia. Con un estudio profundo de la infancia desde los 5 años de la persona podemos conocer mejor su ello y superyo.

- Tanto el ello como el súper yo influye en la mayoría de nuestros comportamientos.

- La iluminación del conocimiento interno surge cuando el consciente y el inconsciente tienden a pasarse información entre ellos.

- Cuando la gente se siente abordada y en peligro de romper su realidad, surgen una serie de mecanismos de defensa los cuales hacen que la persona se cierre.

- Los problemas de depresión y ansiedad tienden a ser muy comunes y se trabajan desde la infancia, el proceso es más complejo de lo que el resto de la psicología afirma. Son puntos claves para aprovechar en la psicología oscura.

- Se trabaja con el consciente para llegar al inconsciente, es el plan que trabaja el psicoanálisis para poder profundizar mejor al paciente y llegar a los recuerdos reprimidos de la infancia.

La idea de trabajar con estos principios consiste en profundizar en todo lo que a simple vista no vemos. A diferencia del conductismo donde buscamos mover lo que vemos, el Gestalt que se trata de interpretar lo que vemos y lo que no vemos, el psicoanálisis profundiza por completo aquello que no vemos y es donde la psicología oscura puede trabajar.

Entrando en el pensamiento inconsciente se puede conseguir incluir ideas nuevas, pensamiento e incluso dudas que mantengan a la persona siempre a la merced de lo que uno dice o hace. El principio freudiano habla de los deseos reprimidos del inconsciente, y basta con tener una buena idea de cuáles son estos deseos y motivar a que uno los pueda cumplir.

El trabajo psicoanalítico en la psicología oscura ha llegado a resaltar entre las demás, pero existe un método más actual que los psicólogos oscuros más profesionales y tiempo aplicando este método han mantenido y afirmado que los estudios psicoanalíticos son fundamentales, pero la herramienta clave en esta oportunidad están en la corriente psicodinámica.

Es necesario saber bastante de psicoanálisis para aplicar al 100% la psicología oscura, pero los conocimientos son solo una parte porque el método, o mejor dicho, el proceso correcto se encuentran en el psicodinamismo.

## 2.4 Procesos psicodinámicos para el convencimiento

Es la hija del psicoanálisis, un método diferenciado de la psicología como ciencia y del psicoanálisis.

Aplica los mismos métodos Psicoanalíticos y los mismos principios, de igual forma considera importante el conocimiento del pasado de los pacientes, pero el psicoanálisis ve de importancia superior atender los problemas del pasado antes de llegar a los actuales, lo que hace que la persona pueda tomarse varias terapias en llegar a un resultado positivo.

En caso de los procesos psicodinámicos basta con conocerlos y con ese conocimiento comenzar a elaborar un plan para que no repita los errores de antes y corregir las conductas actuales que están afectando al paciente. De esta forma, los procesos psicodinámicos han mostrado mejores resultados que el psicoanálisis en menor tiempo, pero para eso, fue necesario hacer algo el psicoanálisis por sí solo vio innecesario.

El psicoanálisis posee la corriente freudiana de la cual ya hablamos y la Lacaniana que no mencionamos mucho, porque la mayoría de los psicoanalistas son netamente freudianos, pero el método lacaniano que posee un enfoque más directo también es tomado en cuenta en los estudios psicodinámicos.

Otro autor reconocido que es más tomado en cuenta para estos procesos es Carl Jung, el cual posee un enfoque más humanista y toma en cuenta un punto que la ciencia en general decide ignorar. El alma.

Juntar sus estudios espirituales con los conocimientos psicológicos ayudó a crear una corriente que para la psicología oscura es la pieza y clave principal del funcionamiento de los hombres, de la manipulación y evitar ser manipulado.

Además de los factores bilógicos como el deseo de comer, de la fama y del sexo, existen puntos que toma se toman en cuenta como lo son el impulsos, los deseos, motivos y los conflictos internos sin resolver.

Los impulsos son todo lo que nos lleva a hacer algo, muchas veces existen acciones que nos sentimos impulsados y es necesario cortar esa necesidad. A veces es simple presión social, otras veces deseos de retarse uno mismo. Para manipular, uno debe ser el impulso de los demás.

Los deseos se enfocan no en el camino ni el motivo, si no en la meta. No importa porque se comienza algo, si no lo que se va a llegar a lograr al hacerlo, lo que en muchos casos lleva a las personas a tomar acciones negativas.

Los motivos a diferencia de los impulsos no es algo que te empuja, sino una causa más específica por la cual se está realizando algo. Y a diferencia del deseo, no es por la meta, si no que se debe hacer sin importar los resultados.

Los conflictos sin resolver como las peleas internas como algunos lo llaman a diferencia de los otros puntos que son los que llevan a las personas a realizar acciones, son estos conflictos los que detienen a la persona y hacen que no actúen, los desmotiva y detienen, son un freno constante que afecta socialmente. Muchas veces no permite que se tenga pareja, dificultad para socializar, conflictos en el aprendizaje, etc. Es el punto más fuerte al trabajar como psicólogos y el más frágil al momento de usar la psicología oscura.

Para usar la psicología oscura a favor de uno es importante conocer muy bien los conflictos sin resolver personales que se tienen. Este método consiste en saber cuáles son los puntos débiles más personales de las personas, porque esos conflictos sin resolver generalmente tienden a llevar a problemas y reacciones en la vida adulta.

Estos conflictos generalmente se dividen en 3 tipos:

**Eventos traumáticos:** En la etapa de la infancia cosas simples pueden generar fuertes traumas debido a que los niños no terminan de entender lo que pasa. Esto generalmente surge con la muerte de un familiar cercano, sea la madre o el padre, mudarse repentinamente de donde vive o tener alguna lesión física fuerte.

Las personas que vivieron esta serie de traumas generalmente tienen miedo y rechazo al cambio. Mostrarse como una persona centrada y rutinaria es lo que puede traer confianza en las personas traumadas.

**Infancia privada:** Cuando los padres son sumamente estrictos con sus hijos, estos pierden parte de su infancia y terminan siendo unos adultos amargados por lo que poseen grandes rencores sociales. Suelen ser o muy amargados, o muy inmaduros intentado recuperar la infancia que se les negó.

Es normal que deseen estar rodeados de personas que aparentes ser adultos, que muestres los estereotipos de las películas juveniles de lo que es un adulto para hacerle caso sin cuestionar.

**Ausencia de alguna figura de autoridad:** Si a un niño se le niega al padre, la madre o en el peor de los casos a las dos figuras de máxima autoridad en toda clase de jerarquía de la familia convencional, es normal que se sienta diferente, algo rechazado por la sensación inconsciente de que fue rechazado desde muy pequeño.

Tiene necesidades afectivas notarías y dependiendo de qué figura no estuviera, posee una cuestión ambigua donde necesita de alguien para drenar su afectividad, pero en el fondo no termina de confiar en nadie porque tiene un gran miedo al abandono.

Estos son los 3 conflictos de la infancia más comunes, pero es importante aclarar que no lo son todos y porque sean los más comunes no significa que todos poseen al menos uno. Es importante ver a cada persona como un individuo único el cual posee su propia historia, y aunque lo dicho en casos "Generales" si pasa, cuando decimos que es en general, es en una mayoría de casos, mas no en todos.

Para conocer mejor los traumas de la infancia y los conflictos internos de cada persona lo importante es llegar a conocerlos a fondo debido a que pudieron tener una muy buena infancia y los conflictos internos se desarrollaron en otra etapa de su vida.

No obstante no es necesario profundizar al 100% cada uno de estos temas ya que sería indagar más y más en los procesos psicodinámicos y en este caso vamos a tomar en cuenta lo que nos concierne para la psicología oscura.

Existen diversas corrientes psicológicas que son de mucha utilidad, como lo han sido durante años la psicología del marketing, el modelaje, incluso la política. La verdad es que la psicología oscura ha sabido aprovechar toda clase de avances de las diversas áreas humanas para ir avanzando por sí misma, debido a que es imposible que la psicología oscura avance si las ciencias comprobables lo hagan.

Estas escuelas psicológicas, corrientes científicas o filosóficas muchas veces, los más fanáticos y regios las terminan poniendo unas contra las otras, pero los verdaderos triunfos de la humanidad están cuando trabajan juntos. Esto incluso se ha visto cuando la ciencia y la religión han trabajado juntos, actos que la mayoría de fanáticos creen que son enemigos, pero la verdad es que son grandes aliados buscando el progreso, aunque claro, las religiones quieren progresar para probar mejor la existencia de Dios mientras que la ciencia quiere afirmar que no existe.

De esta forma hemos visto evolucionar la psicología y sus escuelas, como estando generalmente separadas han podido trabajar juntas. Hay un punto en que se utiliza el psicodinamismo y el Gestalt en la psicología oscura que tomaremos como un capítulo completo, el cual es el uso de los colores. Hablemos del tema.

# Capitulo 3: Los colores ayudan en la psicología oscura más de lo que crees

El Gestalt ayuda a la proyección, analizar lo que los demás quieren proyectar de forma inconsciente y dominar lo que estamos proyectando, pero esta vez, nosotros lo vamos a hacer de forma consciente.

En este caso, los procesos psicodinámicos se unen con el Gestalt para un análisis más profundo y acertado al momento de analizar los colores. Esto aplica a la vestimenta que usamos, los accesorios, el entorno completo como la pintura de un local, el vehículo que se usa, etc.

También los colores tienen ciertos prejuicios sociales los cuales iremos analizando uno por uno. Pero primero vamos a entrar en contexto de cómo la psicología oscura los usa, como vamos a explicar cada uno de los renglones y una explicación rápida de porque estas cosas pasan.

Primero, vamos a mencionar color por color los aspectos de qué prejuicios tienen los colores, que proyectan los demás de forma inconsciente y que podemos proyectar conscientemente. De esta forma guiaremos un proceso de la psicología emocional y la psicología del marketing, que son los máximos exponentes en el análisis de los colores a una percepción más oscura.

La psicología emocional principalmente menciona que los colores del entorno pueden alterar con facilidad nuestro estado de ánimo incluso lo que podemos pensar del mismo entorno. Esto nos quiere decir que dependiendo de cómo esté el lugar pintado y decorado las emociones que podemos sentir son diferentes.

Aparte de considerar las estructuras y los entornos, las personas también expresan sus emociones con los colores y es algo que se ve en la forma que visten y en los colores de sus artefactos. Es normal ver personas muy alegres y con mucho sentido del humor vestidos de colores llenos de vida como azul, roja, verde o amarilla, mientras que las personas más amargadas y capaz deprimidas se limitan mucho a colores más opacos como lo pueden ser el negro o el marrón.

Esto no es una señal 100% cierta, no es algo que siempre se cumpla pero si se puede tomar en cuenta y manipular algunos aspectos, y es algo que se ve a mayor profundidad en la psicología del Marketing.

Los estudios de mercado han manejado los colores desde hace décadas logrando su objetivo, hacer ventas, usando los colores. Es por ese punto que no vas a ver restaurantes con los mismos colores que una barbería o un banco.

Cada establecimiento usa los colores de la forma que mejor les parezca, pero esto no quita que hacen lo posible por mantener un propio estilo. Por eso mencionaremos los colores más comunes que se utilizan socialmente para que te guíes de la forma que te sea más útil.

## 3.1 Blanco

Varias culturas y religiones han tomado el color blanco como la pureza. A ciencia cierta, es difícil determinar si lo tomaron por lo que proyecta, o proyecta pureza por la inculcación de las culturas y religiones más antiguas. Esto lo podemos ver representado en la cultura hindú, la religión católica, el judaísmo entre muchas más.

Representa e inspira paz, calma, un espacio blanco genera tranquilidad y una persona de blanco se considera una persona limpia y libre de ataduras materiales. Una persona que transmite paz, aunque no siempre lo transmita significa que la tenga. Aunque esto no lo salva de los prejuicios.

**Qué prejuicios tiene el blanco:**

En Latinoamérica principalmente, las personas que usan mucho el blanco tienden a ser de religiones asociadas con sacrificios y brujería.

También cuando una persona aparenta tener mucho dinero y viste mucho de blanco generalmente se considera que está en negocios malos, algo contradictorio a lo que inspira el color blanco. Esto ha pasado con los años porque las personas que cometen crímenes también estudian la psicología del color y usan el blanco para aparentar lo contrario de lo que son. Pero ya en pleno siglo XXI se sabe que ese exceso del blanco hace pensar todo lo contrario.

La misma sensación de paz algunos terminan sintiéndose incómoda e incluso aterradora en algunos lugares. Esto puede ser por situaciones incómodas en hospitales que son los lugares que generalmente son los más blancos. El color blanco algunos lo asocian rápidamente con la medicina.

**Que proyectan los demás de forma inconsciente con el blanco:**

Las personas que visten mucho con el color blanco tienden a ser personas alegres y muy espirituales. Quizás no lo usen por motivos religiosos o culturales, pero la paz espiritual es un estilo de vida que llevan de forma consciente o inconsciente.

Estas personas buscarán siempre estar rodeados de personas que les generen la misma paz. Las riquezas materiales no son tan importantes, pero la salud física y la higiene sí lo son. Son fácilmente influenciables con frases elegantes y filosóficas quizás algo trilladas, pero que ellos sientan empatía. Demostrar que eres una persona espiritual traerá consigo que los que proyectan espiritualidad en sus vestimentas se acerquen a ti.

**Que podemos proyectar conscientemente con el blanco:**

Como podemos notar más arriba, el blanco es un color con mucho poder, pero lamentablemente posee algunos prejuicios por lo cual no es bueno tenerlo en exceso. Un espacio muy blanco será asociado con salud, pero eso puede ser bueno en un aspecto pero en casos extremos, no es recomendable parecer un hospital, bueno, al menos que sea un hospital el lugar.

Al momento de vestirnos mucho blanco nos hará parecer personas o muy religiosas o muy peligrosas y en ninguno de los casos es bueno, porque nos lleva a los extremos. La psicología oscura juega con los extremos de las demás personas pero nunca termina de caer en ellos para tener una visión más completa de todo.

En el caso del blanco lo ideal es tener una franela blanca y zapatos blancos, pero el pantalón y accesorios deben ser de otros colores. En caso de las damas un vestido completamente blanco no es recomendable al menos que sea con accesorios de colores.

Esta vestimenta dará confianza y pureza y atraerá a las personas que buscan paz en su vida y va con una personalidad optimista de la vida.

## 3.2 Negro

Posee factores negativos a la hora de decorar espacios con este color, está asociado con la muerte, la maldad y la destrucción en un principio social. Al igual que el blanco, las religiones y diferentes culturas han visto al negro como algo malo ya que está directamente relacionado con la oscuridad.

Ese pensamiento aún existe, pero ha evolucionado a relacionarse con lo desconocido, con lo que aún no sabemos, un mar de posibilidades porque, al igual que representa algo oscuro, no sabemos que existe hay después de alumbrarlo.

En el mundo de la moda se considera un color elegante, formal, para eventos de gala, aunque a su vez, es una forma de no llamar mucho la atención pero manteniendo un estatus alto.

**Que prejuicios tiene el negro:**

El negro ha crecido en la cultura desde los 80 con personas fanáticas del genero del rock, de igualmente desde mucho antes se a relacionado con el satanismo. Con el pasar del tiempo, ha pasado a más tribus urbanas, como los Otakus y los Nerds.

Las personas que usan negro tienen a verse elegantes, pero los que lo usan muy seguido suelen traer una mala percepción social, debido a que los detalles de las franelas negras muchas veces quedan opacados y se puede considerar que es la misma.

Cuando se ve alguien de negro se piensa que entra en alguna de esas categorías, pero si se ve muy seguido de negro, se considera lo contrario que el blanco. En vez de ser una persona pulcra, es una persona sucia.

**Que proyectan los demás de forma inconsciente con el negro:**

Aunque algunos consideren que quieren ser Cool y no llamar la atención de forma consciente, la verdad es todo lo contrario. Son personas fáciles de notar aunque no se ven de mucha confianza. Si generan curiosidad y de cierta forma se ven algo cultos, pero no es fácil acercarse a ellos, lo regular es esperar que ellos se acerquen a ti.

Aunque lo ideal con estas personas es dar el primer pasó para socializar ya que es lo que no esperan, y se debe notar los detalles de qué es lo que le gusta.

La gente que usa negro tienen gustos muy específicos, sea de series o de música y el negro solo es el fondo de sus verdaderos gustos. Son estos gustos los que usaremos a nuestro favor.

**Que podemos proyectar conscientemente con el negro:**

Tenemos que tomar lo que la gente hace de forma inconsciente y volverlo consciente. El negro es el fondo perfecto para querer reflejar otras cosas, y es de esa forma que se debe usar el negro en la psicología oscura.

El negro es el color perfecto para jugar con otros colores de esta lista en formas pequeñas. Captamos la atención, marcamos elegancia y damos curiosidad, pero el negro es solo el fondo para accesorios de vestimenta de otros colores o de gustos específicos que queremos hacer notar de nosotros.

Es un excelente resaltador para combinar con otros colores, pero lo importante es no usarlo todo el tiempo. El negro se debe guardar para una vez por semana, de ser posible, cada dos semanas. Algo rotativo, no es tan predecible, pero si lo usas sabiamente, podrás captar la atención de las personas en los momentos precisos.

## 3.3 Gris

Es un color que representa en la ciencia de la psicología la neutralidad. Los que buscan no llamar la atención con el negro desconocen que el color que pasa más desapercibido es el gris.

En la historia el gris se ha obviado como color debido a que es el color de las piedras y la arcilla con que se han realizado las grandes esculturas. Para diferenciar la pintura de ese arte, es muy poco o nada lo que es usado.

Su funcionamiento se ha mantenido desde siempre, pasando desapercibido.

### Qué prejuicios tiene el color gris:

Está relacionado directamente con las ciencias humanas como la psicología, enfermería, psiquiatría, sociología y antropología. Ver estos colores (si llegas a notarlos) pensarás que son personas estudiadas con uno o varios títulos.

Por algún motivo es asociado directamente con las matemáticas, pero no es algo que sea de forma objetiva o tenga una base histórica, simplemente es una asociación que la sociedad le ha dado.

**Que proyectan los demás de forma inconsciente con el gris:**

Sonara cruel como comenzare esta parte, pero no proyectan nada. Realmente, no buscan proyectarse, son personas que están en un punto neutral incluso difícil de notar. Es el verdadero color de la depresión y el deseo de desaparecer.

Estas personas aunque no lo dicen, ni muestran, necesitan color a sus vidas, pero no se puede ser tan agresivo. Si se desea atraer a una persona gris para lograr alguna finalidad es importante ir subiendo de tono el color que uno quiera proyectar.

Este color puede ser blanco, negro, azul, rosado, cual sea realmente, pero no se puede comenzar de forma escandalosa ni muy brillosa, lo ideal es ir con tonos opacos y cada día ir subiendo la tonalidad.

De forma sublime te convertirás en la persona que le dio color a su vida, de forma metafórica y tendrás a alguien muy fiel a tu lado.

**Que podemos proyectar conscientemente con el gris:**

La verdad es una excelente herramienta cuando se quiere estudiar un grupo social, cuando se desea no ser visto, solo estar y dejar que todos hagan, digan y actúen como prefieran sí que les interese tu presencia. Es una herramienta que se puede usar para observar a los demás sin ser observado.

Después de hacer un estudio completo es momento de cambiar de color y de personalidad.

El gris es un color de transición para ver cómo vas a encajar mejor en el grupo social y decidir qué rol quiere tomar, que color vas a ser después de ser la persona gris. Aprovechar lo poco relevante que se aparenta ser hasta decidir ser tan relevante como se desee.

Un local o una oficina gris garantizan la apatía laboral. No es nada recomendado, al menos que esté en los planes mantener un estado lúgubre por algún motivo.

## 3.4 Rojo

Posee muchos significados, por lo que es importante cómo se combina el espacio, o la persona al momento de usar rojo. Desde el principio ha tenido diversos significados, pero los más resaltantes están en el apetito sexual, la estimulación de los sentidos y el peligro.

Una combinación de representaciones interesantes que se pueden juntar todas en una. Una persona que usa mucho rojo se ve peligrosa, pero a la vez, deseable. Se dice que esto comienza con la representación del mismo diablo, del pecado original y de la manzana. Aunque otro motivo donde es peligro y vida a la vez es por el rojo de la sangre.

Es un color que nos trae mucho material para la psicología oscura.

### Qué prejuicios tiene el color rojo:

Un color que se ve identificado de distintas formas dependiendo de cómo se use. En locales muy rojos se considera que son de comida o sexuales, dependiendo la tonalidad del rojo. Como vestimenta, nuevamente hablamos de algo sexual, pero lo interesante es que en complementos de vestimentas con otros colores como el negro se ven elegante, no tan sexuales y al contrario, una señal de peligro.

Hace que la gente te desee, pero te tenga cierto respeto. Es el mismo rojo que te dice que te detengas en las señales de tráfico y en el semáforo, por lo que la gente intuye que si es algo bueno, pero se debe avanzar con cuidado.

Uno de sus prejuicios más grandes a nivel social es que las personas que usan rojo en fiestas o lugares públicos están buscando tener encuentros sexuales casuales. No lo digo yo, lo dicen los estudios.

**Que proyectan los demás de forma inconsciente con el rojo:**

El deseo es innegable, sea de forma consciente o inconsciente, las personas de rojo generalmente se ven deseables, pero todo varía con las combinaciones que usen. Es diferente una mujer con un vestido largo y rojo que inspira el deseo sexual, a una mujer con una camisa blanca, de pureza y un pantalón rojo, que crea un estímulo de deseo social, amistad.

También son parte de una estrategia de Marketing muy conocida en los locales de comida. La mayoría de establecimientos de comida, en especial los de comida china utilizan el rojo para estimular el hambre.

El deseo y el estímulo siempre está, pero no necesariamente es sexual, se desea tratar con esa persona, comer en ese local, observar más ese objeto o detalles que se tengan en rojo. Es el color de preferencia para llamar la atención de las personas y sea la forma que se use, siempre llamará la atención de la mayoría.

**Que podemos proyectar conscientemente con el rojo:**

De igual forma, todo está en el deseo. Saber combinar el rojo es fundamental para el deseo que queremos influir en la persona. Tenemos que jugar con otros colores y saber muy bien en qué color está la otra persona. Es decir, el deseo que tiene la persona para no ser tan agresivos.

Tenemos que aparentar estar en su nivel de deseo, pero estimular el deseo de ir subiendo. Esto aplica de diferentes formas, no solo en el deseo sexual, el deseo de conocer a alguien, de establecer una amistad, existe, y también se puede manipular con la red.

## 3.5 Azul

Un color que marca elegancia, confianza. Ejemplar y conocido por el agua y por el cielo, ofrece una tranquilidad y a la vez, muestra gran abundancia en la persona, pero no solo la idea de riquezas físicas, sino también en conocimientos y capacidades.

No es sorpresa que empresas de gran fama y prestigio como Facebook o Twitter usen ese color para brindar calma y confort a sus usuarios desde el momento que ven el logo. De esta forma, el color azul al igual que el rojo, es uno de los colores con más fuerzas y capacidades de brindar emociones a la persona.

Pero mientras que el rojo es un deseo de estar contigo siempre, el azul es más el deseo de ser parte de ti. En otras palabras, mientras que el rojo se puede usar para buscar amistad en niveles suaves, el azul es más contundente el deseo de la amistad y el compañerismo.

Muchas empresas telefónicas y grandes marcas como tercer o Samsung han sabido aprovechar el azul en niveles bajos para dejar en claro que son personas de confianza y empresas de seriedad. De igual forma desde hace cientos de años, la realeza se ha vestido de azul para mostrar que son confiables. No es para menos que sea considerado el color de los reyes y las reinas.

**Qué prejuicios tiene el color azul:**

El conocimiento de que es uno de los colores de la realeza es popular como el de la sensación de confianza, por lo cual cuando una nueva empresa aparece o un nuevo empresario llega de una vez intentando usar el azul, generalmente es una señal de advertencia. Como que está buscando aparentar algo, pero si no se tiene pruebas de lo que es, realmente no lograra su objetivo.

Se ha convertido en otra arma de doble filo del siglo XXI por el conocimiento que existe sobre él, por lo que se debe tener cuidado al momento de intentar usarlo.

Aunque una de sus grandes ventajas pese el riesgo es que, donde no generará toda la confianza como antes, rara vez generará desconfianza.

### Que proyectan los demás de forma inconsciente el azul:

Rara vez algo malo, pero se debe estar alerta. Las personas que usan azul generalmente son agradables, buscan caer bien y tienden a ser de los que dan el primer paso. Son personas que es preferible esperar que ellos lleguen a uno porque son muy sociales, y esperar por ellos realmente no hace daño.

Se debe motivar a que lleguen, poco a poco avanza hasta llegar su idea de estar en un grupo agradable.

Son personas que proyectan ser agradables, que aparentan ser muy sociales, pero la verdad, los que tienden aparentar esto, entre más lo intentan, es muy probable que en el fondo tengan una batalla interna muy delicada fácil de aprovechar.

### Que podemos proyectar conscientemente el azul:

Tomando consciencia de las capacidades del azul, tenemos que usarlo de forma contraria que el gris. Es el color que vamos a dejar para el final, para cerrar ese contrato, para la remodelación después de meses con el emprendimiento, para la cita definitiva con esa persona especial.

Es el color definitivo para establecer relaciones por lo que se debe manejar para el cierre de ciclo. Claro, una vez se comienza a usar azul, nuevamente, como el gris, pero al contrario, cuando se comienza lo ideal es mantenerlo.

No decimos que siempre se use azul, pero apenas comience, es bueno mantener ciertas cosas en azul, ciertos rasgos, así sea pequeños. Joyería, zapatos, corbatas, etc. Mantener siempre la confianza, aunque si no se puede, no se preocupen.

## 3.6 Amarillo

Es un recuerdo del sol, de la riqueza, parecido al oro y desde culturas antiguas representan riqueza y felicidad. Aunque en la moda está por lejos de ser uno de los colores favoritos, para las tradiciones y las costumbres con este color siempre se han mantenido.

Aunque por algunos motivos, también se siente que genera envidia, representa la ira y la traición cuando se muestra de forma excesiva.

Muchas veces en las series y películas se ha sabido aprovechar para mostrar las riquezas, para mostrar abundancia y por otro lado, en casos más excesivos, para mostrar a un villano, un ser malvado que más que nacer malvado, poco a poco se fue convirtiendo así por los motivos ya mencionados, ira, envidia y sentimientos de que fue traicionado.

Actualmente posee diferentes prejuicios, hablemos de ellos.

## Que prejuicios tiene el color amarillo:

Sus mayores prejuicios se encuentran en la moda principalmente. Nunca ha habido una época que brille siendo el color exponente y representante de los estándares de la moda. Incluso, se ha llegado a considerar que usar amarillo se ve anticuado y de mal gusto.

Pero a la vez, se considera que las personas que usan amarillo están buscando atraer felicidad y dinero ya que las costumbres de que es un color con poder de atracción se ha extendido en todas partes del mundo.

## Que proyectan los demás de forma inconsciente el amarillo:

El uso del amarillo cuando no es usado para atraer dinero ni felicidad proyecta rebeldía social, ir en contra de los estándares de la moda y hacer y decir lo que uno se siente mejor. Además de atraer dinero, causa felicidad y los que usan amarillo quieren sentirse felices y demostrarlo, que la gente sepa que son personas alegres y carismáticas, de esta forma encontramos 2 puntos a tomar en cuenta.

O de verdad son personas muy alegres que se pueden considerar incluso algo peligrosas, porque tanto optimismo puede ser peligroso, o esconden algo delicado adentro.

**Que podemos proyectar conscientemente el amarillo:**

Al ser un canalizador de fortuna, la forma no solo usa el amarillo para atraer dinero si no que de forma inocente se acerca a donde está el amarillo pensando que es ahí donde para conseguir dinero.

No es un color para pintar tu casa o tu negocio, pero sí para decorar algún espacio específico. El amarillo, es el nuevo azul. Ese lugar donde quieras reunirte para cerrar tratos millonarios debe tener ciertos detalles en amarillo para que la persona con que vas a cerrar un trato sienta que el dinero viene en camino.

De igual cuando estés convenciendo a alguien siempre lleva algunos detalles en amarillo contigo, menos el día en que cierres el trato, porque el ya sabrá que el dinero va a venir contigo, pero ese día no lo lleves, porque debe sentir que falta algo, y ese algo es terminar el trato millonario. Como ya dijimos, para cerrar el trato, es mejor llevar azul.

El amarillo y el Azul son excelentes socios en la psicología oscura, pero sinceramente, muy difíciles de combinar. Irónico, porque al combinar, sale el próximo color.

## 3.7 Verde

El color de las plantas, este color siempre a representando la vida, la juventud, la salud y la importancia que tiene el medio ambiente para nosotros. Desde el principio el verde se ha asociado con personas saludables en todos los sentidos, kuerpos sanos, mentes sanas.

El color verde atrae la salud general, un hogar saludable, personas saludables, negocios saludables. Son un estándar de belleza y de confianza al momento de la alimentación. Bajo el mismo ideal de cuerpo y mente sana, nos lleva a la relajación.

**Qué prejuicios tiene el color verde:**

Aunque generalmente carece de toda clase de prejuicios negativos este color, no quita que en algunas culturas la envidia y la maldad sean representadas con el verde. Esto principalmente en las culturas árabes donde la codicia es vista como un pecado excesivamente grave.

También se ha convertido con el tiempo en un color que asocian directamente con el dinero, esto porque es el color del dólar y las personas que usan mucho verde afirman que es el nuevo amarillo, atrae el dinero y la fortuna.

**Que proyectan los demás de forma inconsciente el verde:**

A pesar de los intentos del siglo XXI que el verde sea visto como un influyente en el dinero, los prejuicios e interpretaciones no han cambiado, aún son las mismas.

Las personas que usan mucho el color verde se ven como personas saludables, capacitadas para un estilo de vida sano. Ofrece la misma sensación los lugares que están de color verde, la idea que son lugares naturales, saludables, donde se puede comer y estar tranquilamente.

Un dato curioso, es que es el segundo color de preferencia de los hospitales, después del blanco.

Representa una vida sana así sea usado en la ropa, accesorios, para pintar un emprendimiento o la casa.

**Que podemos proyectar conscientemente el verde:**

Es una de las formas más fáciles de ahorrarse molestias al momento de necesitar demostrar ser personas saludables, y quizás no serlos. Grandes manipuladores nunca han pisado un gimnasio, mucho menos un nutricionista, pero usando sabiamente el color verde y haciendo unos ligeros entrenamientos en la mañana mantienen una condición física lo suficientemente aceptable para aparentar ser personas ejemplares que poseen un estilo de vida saludable.

No es necesario mentir, simplemente entrenar un poco en las mañanas, usar algo de verde y hablar de lo importante que es comer bien y respetar el ambiente, el color verde hará el resto.

Esto lo puedes hacer en tu vestimenta o en el fondo de tu casa u oficina, pero nunca con los 2. Tener el fondo verde y la ropa verde se va a ver muy pretencioso.

## 3.8 Morado

Es uno de los colores predilectos de su servidor, este está íntimamente relacionado con los valores humanos, lo que es la humildad, el compromiso, la comprensión, la empatía, el respeto, la honestidad y el perdón.

También es uno de los colores que se asocian con la espiritualidad y esto lo podemos ver en la religión católica, donde el morado es parte fundamental de la semana santa.

Además, es el color que al lado del negro, es uno de los colores más elegantes y que representan sofisticación.

### Qué prejuicios tiene el color morado:

Debido a la fortaleza que aún posee la religión católica, el color morado aún es muy asociado a la religión. Es normal ver a una persona mayor de morado la cual sea practicante de la religión católica fuertemente, como jóvenes que usan el morado para sus nuevas ideas de cultura o religión.

La espiritualidad está muy marcada, pero a diferencia del blanco, no se trata solo de cumplir con patrones del universo y cumplirle a Dios, también se trata de cumplir como persona y los valores que son de los humanos, con los humanos.


**Que proyectan los demás de forma inconsciente con el morado:**

El morado representa personas rectas, intachables socialmente. Son personas y lugares que se ven que las normas, leyes moral y ética son de suma importancia. Es un color el cual se ha utilizado para empresas como Ubii, Yummy, Urbe, entre otras que se encargan de trasladar mercancías, personas o mover dinero.

El color morado ofrece una confianza diferente al azul, porque no se trata de personas que buscan una amistad y confianza, se trata de personas que quizás, la amistad no sea importante, pero el cumplimiento de normas si lo es, y son incapaces de fallar.

71

**Que podemos proyectar conscientemente con el morado:**

Es un color que genera confianza pero a la vez, distanciamiento. Estamos dando a entender a las personas que no estamos para socializar, para tener gran confianza, pero si para trabajar de forma recta. No es el mejor color para una primera cita, mucho menos para intentar cortejar, pero si para reuniones familiares y de negocios.

Estás diciendo, yo vine a trabajar, vine a hacer las cosas bien, no vengo a jugar ni a abusar de la confianza.

Ahora, los espacios cerrados si se puede abusar, pintar toda la casa u oficina de morado, por dentro y por fuera. Es totalmente elegante, fácil de combinar, atractivo y genera confianza y orden.

### 3.9 Naranja

El color naranja me recuerda a mi juventud. Cuando comencé a trabajar a los 15 años, empecé en un restaurante independiente y recuerdo que nuestros uniformes y los detalles de las paredes, como los marcos para las pinturas y una franja que pasaba por todo el medio eran de color naranja.

Resulta que el naranja está relacionado con las acciones, la estimulación y el apetito. El deseo de comerse el mundo. Es un estimulante, se desea hacer mucho, pero para eso es importante tener energías.

Mi jefe decía que el naranja los hacía comer bastante e irse rápido, un deseo de recargar sus energías al máximo e ir a gastar sus energías, de esa forma consumían bastante y no se quedaban mucho tiempo sentado después de consumir. Y de verdad que funcionaba.

### Qué prejuicios tiene el color naranja:

Este ha sido asociado con el tiempo a la vida misma, pero a la vida deportiva. Esto por la relación que tiene con la vitamina C, la naranja, luego llegó a ser el color oficial de Holanda, la naranja mecánica, y poco a poco se ha ido convirtiendo en un color que fácilmente se puede asociar con actividades físicas.

El color naranja en las personas reflejan ser activos, personas enfocadas en mejorar su salud física pero con deportes. No tanto ir al Gym o levantar pesas, son más de atletismo, fútbol, tenis, básquet, etc. Está relacionada mayor mente con el deporte.

### Que proyectan los demás de forma inconsciente:

Es normal ver personas de naranja y considerar o pensar que son deportistas. Proyectan un estilo de vida saludable y activo, aunque depende de cómo se use el naranja.

Algunos bancos y restaurantes lo han usado por el mismo motivo de actividad que mencioné en el ejemplo de arriba de mi primer trabajo. Las personas quieren hacer algo preciso en ese lugar e irse por la necesidad de descargar las energías haciendo actividades físicas, que no se pueden hacer ahí.

Los lugares donde se pueden realizar las actividades físicas adentro como los gimnasios han tomado este color para sus paredes con resultados positivos. Pero en un hogar es muy poco recomendado ya que constantemente se deseara salir de ahí.

Más que hablar de las personas, habla de los entornos.

**Que podemos proyectar conscientemente:**

Usar el naranja es muy bueno si de verdad se es una persona activa, si no, es totalmente contraproducente. El naranja en reuniones y fiesta donde haya música es una señal de que se baila, que se desea bailar y mover el esqueleto.

En caso de que no estés dispuesto a realizar actividades físicas, no es recomendado usar el color naranja.

Lo que se puede resaltar es el naranja en los entornos, la capacidad que tiene el naranja de forma disimulada de correr a la gente. Es excelente cuando eres de palabras cortas, precisas, no te gusta perder el tiempo. Una oficina con detalles naranja harán que la persona que este haga todo rápido, firme lo que tenga que firmar, pregunte poco y siga su camino.

¿El lado negativo? Tampoco querrás quedarte mucho tiempo en tu propia oficina.

### 3.10 Rosado

Hablamos del color que desde siempre ha sido relacionado con la delicadeza, la dulzura, el amor, la amistad y la feminidad. Un color delicado y hermoso que se consigue con el rojo y el blanco, se puede decir, que se hace cuando tomas el deseo sexual del rojo y lo vuelves un poco más puro con el blanco.

Es un color que durante años ha marcado a las mujeres como parte de su identidad, aunque actualmente este patrón se está rompiendo. Al igual que el azul se ha asociado con la hombría y se ha ido eliminando ese pensar, el rosado está siendo un color para todos de igual forma.

#### Qué prejuicios tienen los colores:

Como se mencionó ya, se guía directamente a la delicadeza y feminidad. Las mujeres de rosa se ven más femeninas, los espacios cerrados se ven para mujeres y los hombres que usen el rosado se ven amarrados.

Sin embargo, es algo que se está buscando romper y desde hace ya algunas décadas el rosado se ha visto más en los hombres sin que se vea afectada su hombría.

Esto se ha logrado separando el rosado con diferentes tonalidades, existiendo algunas más unisex, que se ven bien en hombres y mujeres, y dejando otras más exclusivas para las mujeres. Igual que los diseños hacen una gran diferencia.

**Que proyectan los demás de forma inconsciente:**

Tal como se dice, se muestra delicadeza, feminidad, pero en esta oportunidad se debe mencionar algunas diferencias por género.

En el caso de las mujeres, están mostrando ser mujeres delicadas y femeninas al máximo, cumpliendo con los estereotipos de una dama. Estos estereotipos no son malos de cumplir, solo malos de imponer.

En el caso de los hombres están demostrando que son de mentes más abiertas, una persona que está en contacto con su lado femenino. Puede o no ser homosexual, pero su lado femenino es latente.

## Que podemos proyectar conscientemente:

Nuevamente se debe dividir por género, no solo por el género que tú seas, si no por el género que quieras que te vea.

Si eres mujer y quieres rodearte de mujeres, es bueno que uses el rosado en medidas pequeñas, no abuses de él porque te verás pretenciosa. Esta idea ha sido impuesta por los medios de comunicación, series y películas donde las mujeres que están toda de rosa tienden a caer mal a otras mujeres. Algo que comenzó como chiste ahora es una realidad.

Ahora, si estarás rodeada de hombres el rosa mostrará fragilidad y llevará a que los hombres quieran ayudarte y defenderte en todo. En este caso, si puedes abusar un poco de él, verte más delicada y frágil si tu intención es no mover ni un dedo.

En caso de que seas hombre rodeado de mujeres, podrás y deberás ser muy atento a lo que ellas digan, escuchar, comprender, hablar solo lo necesario. Serás como una amiga y esto no necesariamente te hace homosexual. Puedes ser un amigo hetera, incluso tener intenciones con alguna de ellas, pero en el momento que vistas de rosa, eres una más y eso no te tiene que hacer menos hombre.

Si estás rodeado de hombres el rosado, aunque parezca mentira, te da poder y autoridad. Si son personas modernas aceptaran tu osadía a vestir diferente y podrás tomar un liderazgo al tomar decisiones. Ahora, si son personas que nacieron antes de los 80 o simplemente están muy cerradas, mejor ni lo hagas.

Ya dejado en claro la capacidad de cada uno de los colores y como se puede usar en la psicología oscura, es hora de entrar en otra de las herramientas muy conocidas y mencionadas en la televisión.

Durante años este método que compartiremos se ha practicado por personas de poder, y ha sido mostrado descaradamente en series y películas. Usar los colores a tu favor y una de las técnicas de convencimientos más conocidas aumentará tus posibilidades de control.

Esta técnica es conocida como la psicología inversa, pero existen varias formas de aplicarlas y vamos a hablar de ellas.

# Capitulo 4: La psicología inversa y su aplicación efectiva en la psicología oscura.

Es uno de los métodos de manipulación más conocidos, pero esta herramienta aunque es conocida y a simple vista fácil de usar, es un tema tan complejo que merece todo un capítulo a nuestro libro para una aplicación magistral y perfecta. Como dijimos en un principio, el conocimiento, es poder, y conocer al máximo esta técnica es sacar al máximo su poder.

Por sí solo, ha demostrado no ser 100% efectivo, incluso me atrevo a decir que su eficiencia es del 51%. Poco más de la mitad de las veces, es efectivo usarlo. Se trata, básicamente, de insinuar una cosa para que la otra persona o personas hagan lo contrario.

Esta técnica es más funcional con niños, adolescentes y personas con alto nivel de inmadurez. Entre mayor sea la inteligencia, madurez y nivel emocional de la persona, menos eficaz será usar la psicología inversa.

Esta técnica de la psicología oscura fue creada por un psiquiatra, lejos de ser inventada por un psicólogo o un psicoanalista. Viktor Frankl, de ascendencia judía el cual sobrevivió a diferentes campos de concentración en los tiempos del holocausto.

Para esto es importante entrar en un plano más específico, y vamos paso a paso.

## 4.1 Qué es la psicología inversa y como trabaja con la psicología oscura

Antes que la psicología oscura existiera como disciplina de vida, ya se hablaba de la psicología inversa, algo que si lo vemos detenidamente, la psicología inversa es una de las primeras teorías de la psicología oscura, incluso va desde antes del mismo término.

Consiste en lograr que una o varias personas hagan lo que uno quiere, pero para eso, se debe hacer un pedido o insinuación completamente contraria al deseo de lo que realmente se quiere lograr. Posee cierto grado de ironía, se escucha complicado, pero es más fácil de aplicar de lo que parece, al menos de aplicar de forma básica, sin profundizar tanto.

El estudio fue realizado por la tentación de lo prohibido, como aquello que se nos dice que no, somos impulsados más a hacerlo. Esto es expuesto en el psicoanálisis como las pulsiones guiadas por ello, donde el deseo de lo prohibido y a veces hasta peligroso son más fuertes.

Por este motivo cuando se desea algo, como ir a un lugar y luego se nos dice que ya no se puede ir, la respuesta normal es tener un deseo más grande de ir. Esta clase de reacciones ante lo prohibido son normales en las personas y es lo que hace la psicología inversa más funcional. Y como se dijo antes, entre mayor la inmadurez o menor la edad, más eficiente es. Las personas más estables no sufren al tener un no por respuesta.

Este impulso se ve en las reacciones de las personas cuando les dices algo que se pudo hacer, que se iba a realizar, pero ya no. Daremos algunos ejemplos con las reacciones más comunes ante esas frases demostrando cómo fue el estudio.

- Íbamos a acampar, pero comenzó a llover / Pero vamos a otro lado que no llueva
- Mira necesito decirte algo, pero más tarde / O me lo dices ahora o no me digas nada.
- Estaba por comprarte un dulce, pero mejor no / ¡Pero yo quiero mi dulce!

El objetivo es obvio, hacer que la persona se interese o desee lo que se está negando. Se desea salir, se desea saber el chisme, se desea el dulce, pero le estas diciendo claramente que ya no se podrá.

Estas frases donde se afirma que se iba a tener algo, pero ya no, hace que el deseo sea más fuerte y la persona desde ese momento es manipulable y se acondiciona el deseo. ¿Quiere salir? Entonces paga el taxi, ¿Quieres el dulce? Pórtate bien, ¿Quieres el chisme? Te digo, pero primero dime tu otra cosa.

Claro, esta técnica solo sirve si la persona queda con las ganas, fácilmente puede decir "Ok" y ya, con esas simple 2 letras termina su deseo y deberás tomar otra técnica si deseas que haga lo que quieres que haga. O profundizar un poco más en la psicología inversa con más estímulos.

Aunque un problema de la psicología inversa es que puede afectar tanto de ida como de vuelta, de esta forma, cuando te dicen "Ok" y cortan el deseo que ellos tenían sobre el estímulo que diste, ahora eres tú el que tienes un mayor deseo de cumplir con ese estímulo, llevarlo al lugar, comprarle ese dulce o decirle el chisme.

Es un juego de poder, uno debe rogar y el otro hacerse de rogar, por lo que los dos pueden caer fácilmente cuando se comienza con la psicología inversa.

Viéndolo con una fórmula matemática, para aquellos que crean que lo entenderán más fácil de esta forma, la psicología inversa está en:

Deseo que se haga X, para eso, pido Y a la persona, de esta forma, la persona en vez de hacer Y, se sentirá motivado a hacer X y de esta forma dejar por fuera la idea de que se acciones el Y.

Debemos enfocarnos en que lo que se está impulsando y dejando a conocer es lo malo, para que ellos busquen los buenos resultados. Mismos resultados son los que realmente deseamos.

Es importante para entender más la psicología inversa conocer otros términos, como:

- **Reactancia:** Consiste en la motivación que nace en cada sujeto por la necesidad de sentirse totalmente libre. La privativa no es una opción y se buscará la forma de salir de ella.

- **Estimulación negativa:** Es cuando se ofrecen acciones malas que se sobreentiende que los resultados serán negativos. Esto nos lleva al principio del condicionamiento operante que mencionamos arriba.

- **Privación:** Cuando se está prohibiendo algo que en este caso, se hace sentir que es fundamental y que si se lo merecen, pero se les está quitando.

- **Cambio de percepción de prioridades:** Hacemos ver que aquello que estamos prohibiendo es sumamente importante y necesario, mientras que lo que se deja como alternativa no lo es tanto.

- **Principio de reactancia:** Consiste en que la persona terminará haciendo lo contrario que intenta hacer. Como cuando quieres amanecer y terminas durmiendo primero que todos, el deseo de estar despierto es lo que te termina agotando.

Tomando en cuenta estos términos, vamos a mencionar las formas más comunes de usar la psicología inversa.

## 4.2 Las 5 formas más comunes que se aplica la psicología inversa

Existen muchas formas de aplicar la psicología inversa, y esto se ha visto recientemente de una manera que, si bien no se planea, los resultados obtenidos para los estudios de la psicología inversa y la psicología oscura fueron muy positivos.

Hablamos de la pandemia que nos llegará en el 2020. La prohibición creó una pandemia no solo del virus, si no de la ansiedad. El deseo de salir de muchos creció bastante, incluso aquellos que casi no salían de su casa. Ahora todos querían ir a la playa, todos querían compartir con sus amigos y familiares, incluyendo algunos que nunca lo hacían.

Vimos como en el momento que se dijo "Nadie debe salir de sus casas" todos comenzaron a llevar la contraria y muchos de ellos terminaron saliendo. Los negocios clandestinos crecieron en todo el mundo y apenas levantaron la prohibición, las playas y lugares públicos reventaron a tal punto que rápidamente varios países volvieron a levantarla hasta poder llegar a una normalidad o lo que muchos llaman, la nueva normalidad.

En este caso hablamos de un caso mundial aislado, pero los casos más comunes son:

### 1.   En el deporte

Uno de los casos más comunes es cuando se tiene muchas esperanzas en un deportista, pero este se desmotivan con facilidad y siempre quiere llevar la contraria. Afirma que no puede, que no es posible, que no se siente capacitado.

La psicología deportiva aplica la psicología inversa diciéndole al deportista que, efectivamente no va a poder.

Pero estas frases se hacen de forma desafiante, siempre buscando que el deportista o el equipo entero demuestran lo contrario.

Podemos dar el ejemplo en el béisbol, donde el entrenador ve a un bateador con mucho potencial, pero algo creído, que hace tremendos hits pero le cuesta mucho anotar un jonrón.

El entrenador en vez de motivar le repite varias veces en tono de burla para que se moleste frases como "¿Para qué lo sigues intentando? Deja de esforzarte, no serás un jonronero" o "¿Aun practicando? Deja de perder tu tiempo, mejor vete de una vez".

La verdad es que el entrenador sabe que si se esfuerza lo lograra, y sabe que lo que tiene que hacer es practicar más y aprovechar al máximo su tiempo para sacar sus talentos al máximo.

### 2.    Con los amigos

Un método simple para las salidas, pero es importante tener al menos un cómplice en caso de los grupos. Se trata de hacer ver una idea extrañamente curiosa, pero mejor "no arriesgar".

Tener muchas ganas de ir a un lugar, por ejemplo, ir a la playa, y comenzar a tener una conversación con ese amigo. Ojalá pudiéramos ir a la playa, pero no es posible, no nos alcanza, realmente, y la temporada no es muy buena, aunque el clima debe estar muy bueno hay, y seguir el tema, dando puntos buenos, y puntos malos, los malos muy relativos y los buenos muy objetivos.

La idea es esperar que salga más de uno motivado hasta que salga uno diciendo "Yo los llevo" y es donde todos se van. La idea de ir a la playa es un ejemplo funcional, porque se busca motivar a la persona que tiene el vehículo o la capacidad económica a que brinde y que parezca su decisión, de esa forma él se sentirá un excelente amigo y los demás habrán ido a la playa gratis.

### 3.    En el trabajo

Posee tres versiones funcionales, primero, esta para manipular a los empleados a trabajar más, y mejor. Sacar su eficiencia. Como jefe se debe comenzar a considerar dejar de hacer ciertas actividades, vender algunos productos, dejar de ofrecer algunas ofertas, esto es debido a que el rendimiento no se ve afectado, y cerrar con una amenaza sublime, "Quizás si dejamos de hacer esto en el trabajo rendiremos más, aunque no creo que pueda pagar los bonos".

De esta forma se verá el rendimiento de los empleados mejorar, tienen una motivación y saben exactamente lo que deben hacer, porque mencionaste que ya no se haría más. Eso sí, no es algo que se les diga de frente, es algo que se dice al aire, a ver si lo escuchan.

Otra forma es entre los empleados. Aquel empleado que tenga conocimiento de la psicología oscura puede hacer lo que más le gusta en el trabajo y dejar de hacer los trabajos fastidiosos hablando con los nuevos o simplemente los más débiles de mente y dejando en claro "Yo me dedicare a X, ustedes a Y, porque de verdad Y es muy fastidioso, no me gusta hacerlo, y X es sumamente fácil por lo que lo haré yo".

Después de eso, se puede comenzar por la labor y hacerlo feliz de la vida, pero brevemente y al ver al otro con cara de envidia o estrés por su trabajo ofrecerle el cambio como algo forzado. "Bueno, si quieres cambiamos". De esta forma tendrás el trabajo cómodo, y de ahí en adelante, te quedas con el trabajo cómodo con la misma excusa. "¿Pero si tú me pediste cambiar la otra vez? No vale, quédate haciendo X".

Finalmente, es como manipular a los jefes con la psicología inversa. Digamos que quieres salir temprano. Se comienza a decir que es bueno trabajar hasta tarde un día como hoy, básicamente es trabajar de gratis, porque hoy no habrá movimiento. Comentarios que dejen entendido que te gustaría cobrar completo y quedarte hasta tarde ya que es un día que no vale la pena salir temprano.

Luego mencionas que casualmente ese día pasará algo importante y nadie necesitara de sus servicios, por eso está feliz de trabajar. Hasta que el menciona solo algo como "¿Y si cerramos temprano hoy para aprovechar que nadie vendrá?"

Es algo que él está proponiendo y al ser el jefe, claro que sí patrón.

### 4.   Con los niños

Este se utiliza mucho en la crianza para que hagan ciertas actividades, nuevamente como en el trabajo, se trata de mostrar algunas actividades tediosas como divertidas y deseables. Lavar los platos se puede volver un juego y se les puede prohibir, solamente para que ellos deseen hacerlo. Igual con limpiar la casa, recoger los juguetes entre otras actividades.

Es una técnica que con los niños no se debe abusar porque en poco tiempo no podrá, pero también se usa la manipulación. Se afirma que no se podrá hacer tal cosa o ir a tal lugar porque ellos no han terminado cierta actividad.

En este caso, se parece una cosa a otra, haciéndoles creer que es fundamental que terminen de portarse bien, de limpiar su cuarto o cualquier actividad para que eso que ellos consideran divertido pase.

No hay diversión si no hay obediencia.

### 5.   Para el amor

El tema del amor es completamente más extenso que los anteriores, por eso lo dejamos para el final. La psicología inversa en el amor no solo ha sido aplicada de forma consciente si no de forma inconsciente desde nuestras primeras etapas. Es algo que podemos ver en los más pequeños, cuando gustan de alguien y le dicen que le gusta, lo niega rotundamente y empieza a tratar al otro infante como si no quisiera nada, pero la verdad es otra.

El lado interesante es que ese trato de desinterés sigue desarrollándose al crecer y termina captando la atención del sujeto del deseo. Es decir, si está enamorado de alguien, y lo niega, esa persona terminará prestando atención.

Pero es un proceso de ida y vuelta y cambios constantes, por un tiempo se busca enamorar a la persona, y cuando no se logra, comienza la indiferencia de forma que la otra persona sienta la ausencia. Lo que se le dice coloquialmente como "Hacerse extrañar". Después de dar mucha atención, cuando se deja de dar, la persona empieza a sentir la necesidad de esa atención y es donde se logra conquistar a la deseada pareja.

Esto aunque parezca un arma de doble filo, es hasta un favor para uno mismo. Porque si la persona no le presta atención a la ausencia, no hace nada al respecto, es hasta mejor tomar distancia de la persona porque evidentemente, no extraña ni valora tus esfuerzos.

Se debe aclarar que esto es una técnica de cortejo, pero no debe usarse ya cuando son parejas. Una vez la pareja esté establecida la técnica de enamorar y alejarse para causar interés realmente no es útil. Ya son parejas y el que se aleja, es porque no quiere estar.

El manejo de la psicología oscura es bueno para la manipulación de terceros pero muy poco recomendable en ámbitos de pareja ya que puedes convertirte en lo que se le conoce actualmente en una pareja tóxica. Terminar manipulando constantemente a tu pareja puede ser muy dañino y lejos de las bases del amor.

La comunicación siempre será la clave para una excelente relación de pareja, o mejor dicho, una comunicación expresiva, sincera y lejos de la opinión de terceros.

Ya aclarado los puntos básicos y más comunes donde se usa, existen una serie de frases y tips que sirven al momento de usarla en casi todos los aspectos nombrados. Estos son:

## 4.3 Frases y consejos para el uso de la psicología inversa

Esta técnica realmente tiene un sinfín de maneras de ser usada, los límites solo están en la creatividad y lo que podamos imaginar e improvisar al momento. La psicología inversa posee un nivel de práctica, entrenamiento y talento el cual se puede incluso adquirir en escuelas de teatro. Sin embargo existen algunas formas que son en extremos comunes, las cuales son:

- **Pedir lo contrario:**

Entre todas, la más clásica, conocida y usada por distintos medios desde hace mucho tiempo. Dar una orden contraria termina llamando mucho la atención y las personas hacen exactamente lo contrario de lo que se les pide.

Muchos locales, artículos en promoción incluso publicidad tienen un gran letrero de "NO LEA ESTO" y la gente simplemente por llevar la contraria, termina leyéndolo. Es un estudio que se ha realizado y sorprendentemente (E incluso lastimosamente) ese letrero capta más la atención.

De esa forma existe más publicidad, "Si no quieres ser rico no veas este video", "No sigas esta cuenta si no te gustan las cosas baratas" y pare de contar.

- **Dar la razón:**

Un método que se usa mucho en las parejas es dar la razón a la persona que está equivocada. De esta forma, ellos tienen que bajar la guardia, analizar un poco lo que están considerando y luego cambiar de parecer.

Obviamente no solo aplica en parejas, también aplica en amistades o relaciones académicas o laborales. Se trata de que si alguien tiene un punto de vista equivocado, como por dar un ejemplo muy simple, quiere gastar un dinero de los dos en algo muy caro, le intentas debatir, insiste que sí, y para no perder el tiempo en peleas eres preciso y rápido: "Si está bien". Respuestas cortas, "Aja", "ok", "Si". Mantener este tipo de respuesta hace que la otra persona desista, ya que lo que quería es ganar, y ya ganó, ahora le toca hacer lo correcto.

- **Generar curiosidad:**

Lo hemos visto en cumpleaños, aniversarios, navidades, intercambio de regalos y más. Aunque no lo creas, es un método de psicología inversa muy común y posiblemente, o lo has usado, o lo han usado en ti.

Se trata de crear las expectativas dependiendo de lo que se quiera lograr. Puedes bajar las expectativas fuertemente del regalo para causar un gran impacto al dar un buen regalo, o subirlas siempre y cuando se esté consciente que lo que se regalara cumplirá con lo deseado.

También el Marketing lo ha usado bastante pero de forma muy cuidadosa. Es como cuando llegó la marca AXE de perfumes, desodorantes, lociones y acondicionadores para caballeros en latino américa.

Tenía varios pendones, afiches, incluso propagandas donde se veían varias mujeres corriendo hacia un lugar y terminaba

"Viene el efecto AXE". Nadie sabía que era, se pensó en oferta para mujeres, ropa para mujeres, algo, pero realmente se refería a mujeres porque era lo que veíamos, mujeres corriendo.

Terminó siendo la marca AXE diciendo que cuando un hombre la usa todas corren por él, y como el público más curioso era de mujeres, terminaron comprándolo para sus parejas y claro, los hombres lo conocieron e igual lo adquirieron, siendo actualmente una de las marcas mejor posicionadas.

- **Provocación:**

Se trata de hacer pensar y creer que la otra persona no puede hacer algo pero de forma burlona, precisamente para que lo haga. Es básicamente la técnica principal de la psicología inversa aplicada en el deporte.

Uno de los ejemplos está arriba en la psicología deportiva, pero vamos a dar otros fuera de ese ámbito, que serían:

"¿Para qué vas a cocinar? Seguro no sabes hacerlo".

"¿Vas a ir tú por el encargo? Espero no te tardes".

"¿Vas a hacer eso? Ni lo intentes, se ve muy complicado para ti".

"Si fueras capaz de hacerlo, ya lo hubieras hecho"

El peligro con la provocación, es que si lo usas constantemente, la persona responderá al desafío con la técnica anterior, rendirse, simplemente no va a querer hacerlo y usarás las mismas frases que dijiste para no hacerlo.

No cocino porque no sé hacerlo, no iré porque tardaré mucho, mejor no lo intento porque es muy complicado. Por eso es lo que se le llama un arma de una sola bala, si no cae a la primera provocación ni muestras señales de irritación, si no de desánimo, no insistas.

- **Generar opciones:**

Se trata de manipular las ideas de las personas, hacer creer que ellos tienen alternativas a elegir aunque realmente, la mayoría de ellas o son poco atractivas frente a lo que queremos que haga o simplemente terminarán guían a la persona a lo que queremos de todas formas.

Un ejemplo simple es cuando una persona va a terminar de firmar un contrato, lo ves algo inseguro y desvías su inseguridad de la duda si firmar o no con otra duda y alternativas. "¿Te gustaría firmar el contrato aquí o vamos a mi oficina?" las alternativas y las opciones están, pero el resultado es el mismo que uno desea.

Otra forma de generar opciones se ve con los niños cuando están en esa etapa del mal comer. Digamos que no quieren comer un perro caliente, entonces, le haces una contra oferta. "Si no quieres comer el perro caliente, te puedo comprar una ensalada de zanahoria". Algo que la mayoría de los niños no va a preferir, la comida chatarra siempre es una alternativa más llamativa para un niño, y al ponerlo frente a vegetales que la mayoría de los niños no comen, se ve mejor.

Las diversas alternativas permiten que la persona no sienta que está perdiendo el poder, pero la realidad es que se está usando sus capacidades para discernir de forma que decidan por lo que uno quiere que haga.

Estos ya mencionados entre otros que sería extender mucho este capítulo son de las frases y consejos más simples que podemos dar para la aplicación de la psicología inversa la cual es una de las herramientas más usadas y poderosas de la psicología oscura.

Pero con el tiempo se ha limitado a la psicología inversa a un área apartada de la psicología, realmente es parte de la psicología oscura, y al igual que la psicología como ciencia busca tener varias escuelas para trabajar en conjunto, la psicología oscura hace lo mismo.

De esta forma trabajando varias corrientes juntas conseguimos que la psicología oscura sea más eficiente, en este caso, ya aclarado los principios psicológicos, mencionado que es bueno enfocar esa clase de conocimientos a favor de uno mismo, seguido de cómo estos conocimientos son requeridos para un mayor control de la psicología oscura. Después de eso entramos en el uso de los colores. La psicología del color donde se ha usado en el Marketing y en la moda, resulta que también es fácil de usar con la psicología oscura.

Tomando en cuenta ahora este tercer punto que es la psicología inversa, vemos tres vertientes de la psicología las cuales son fáciles de incluir con la psicología oscura e incluso de juntar entre ellas.

Ya con esta serie de conocimientos es hora de salir de nuestros conocimientos sino salir al entorno que nos rodea, entenderlo y usarlo mejor.

# Capítulo 5: ¿Cómo usar el entorno a tu favor?

Aclarando punto por punto, vamos desde lo más obvio y que para algunos suele ser algo complejo de entender, ¿Cuál es nuestro entorno? Pues el entorno se divide en dos factores los cuales, uno está íntimamente ligado con el otro y cada uno trabaja de forma sinérgica.

El primer aspecto es el entorno cambiante (EC) y tangible, el cual varía constantemente dependiendo de dónde estés. Ahorita mismo, tu entorno a lo mejor es la sala de tu casa, donde lees este libro, o tu cuarto, quizás estás leyendo mientras espera llegue el tren, pero el punto es, que todo lo que está a tu alrededor y puedes captar con tus sentidos es tu entorno.

El otro punto es el que llamaremos entorno perpetuo (EP) el cual no siempre puede ser notado por otras personas y no posee tantas variantes aunque sí puede ser alterable. Esta se trata de los lugares y las personas que siempre vas a frecuentar, sea tu trabajo, tu casa, tu familia y amigos más cercanos ya que así estés en otro lugar con otras personas, este

EP siempre lo llevas presente en tu forma de ser y actuar con el EC.

Ahora bien, quiero aclarar en el EP que hablamos de los amigos MÁS allegados, los que realmente puedes considerar más cercanos a ti. Quizás no seas con los que más compartes pero son los que trascienden en ti como individuo para ser parte de tu EP.

Aunque su nombre indica ser perpetuo, realmente el EP puede ser cambiado y manipulado pero se requiere de tener un gran control y fuerza de voluntad.

Cuando sentimos que el EC nos está afectando y nos parece incómodo generalmente es cuestión de irnos de ese lugar y procurar no volver a ir, pero cuando el EP es el que nos está afectando debemos buscar soluciones al respecto.

Básicamente, podemos decir que el EC está basado en los factores físicos fundamentales, tiempo, espacio y materia. Lo que vemos, lo que sentimos, dónde estamos y justamente en el momento que estamos. Por eso el EC es fácil de cambiar, solo es necesario irse. Claro, si el EC amerita un encierro no es fácil cambiarlo, pero ya es un tema más específico.

El EP es aquel que creamos en nosotros y nuestra personalidad por el EC que es más constante y repetitivo. Esto aplica con nuestros hogares y los lugares que más frecuentamos, que serían el trabajo, lugar de estudio o quizás algún espacio que se frecuente sea por actividades extra curriculares o por mero placer.

Ya dejando esto más en claro, vamos a explicar un poco los obstáculos del entorno que te puedes encontrar y como la psicología oscura te puede librar de ellos. Es importante hablar primero de cómo librar los obstáculos y luego hablaremos de cómo aprovechar el entorno al máximo.

## 5.1 Los obstáculos de EC y como la psicología oscura te puede librar de ellos

Al estar hablando de algo que es cambiante, momentáneo, el resultado es sencillo, simplemente tienes que dejar de estar en ese entorno. No te tienes que sentir amarrado ni con ataduras a un lugar que no quieres estar, y debes hacerte la pregunta si de verdad es justo que estés pasando un mal rato en un lugar incómodo si podrías ir a otro.

Quizás sea por el lugar, o quizás sea por las personas que se encuentran en ese lugar el motivo por el cual te sientes incomodo, pero en la mayoría de los casos tienes la opción de irte. Pero bueno, vamos a quitar la alternativa de irte.

Pongamos 2 ejemplos, una reunión con la familia de tu esposo que no soportas, nunca asiste, pero este es un momento importante para tu esposo y quieres que estés. No puedes irte.

Un otro ejemplo sería que te vayan a ascender en el trabajo pero para eso tienes que reunirte con algunos socios, inversionistas y personas que simplemente no te caen bien.

En ambos ejemplos mencionó a personas más que el entorno físico y material para guiar como la psicología oscura puede quitar la incomodidad en esa clase de momentos.

Primero y el más simple de todos es enfocarte en algo o alguien que veas fuera de lugar. Ese algo o alguien que si te gusta, que te haga sentir cómodo y afincar toda tu atención todo el tiempo necesario en eso. Si buscas hablar contigo siempre mantén la atención y el tema de conversación en ese algo que te gusta. Sea la vista de una ventana, un aperitivo o alguna decoración. De esta forma, si las personas no comparten tu gusto evitarán acercarse, y en el caso que lo compartan tu incomodidad con ellos bajará porque tienen algo en común.

En caso de que las personas seas consciente de que son muy insoportables para ti, y solo en caso de que seas consciente, siempre puedes entrar a un mundo virtual, pero es una estrategia que debe ser previamente elaborada. Primero debes ir creando la idea desde antes de llegar que tienes algo muy importante que atender el mismo día, pero por compromiso no vas a faltar al EC que no quieres estar. Al llegar, simplemente debes estar pegado al equipo móvil diciendo que estás en tu compromiso. Este puede ser un curso de lo que sea, una reunión virtual de trabajo o cualquier cosa que pase por tu mente que pueda ser convincente. Pero es importante que no lo digas el mismo día, debes tener ese plan de acción elaborado con días de anticipación.

¿Pero qué hacemos si el obstáculo surge de la nada? Quizás todo esté bajo control, pero llega una persona impertinente a cortar la paz y los planes. Quizás ese obstáculo sea alguien que esté decidido a arruinar tu paz. En esta clase de casos es importante evadir pero haciéndote notar que estás evadiendo. Para tomar el control del público observante se debe hacer notar que la persona está siendo una molestia, de forma que no seas tú quien lo aleje, si no los demás, y garantizar tener la empatía de los demás por mantener la cortesía de no ser grosero con una persona grosero.

## 5.2 Ahora hablemos de los obstáculos de EP y el manejo con la psicología oscura

Como ya mencionamos, este es un entorno perpetuo, algo que no cambiaremos o al menos no podremos por varios años. Claro está, nada es eterno y esta clase de ideas de que será para toda la vida es solo una falacia.

Hasta de la familia nos podemos alejar y la psicología oscura es partidaria que si una persona no está sumando, es mejor tomar distancia, no importa si es tu padre o hijo. Claro, la situación se complica porque pueden pasar los años y esta persona te buscará, y estar siempre alejado realmente es complicado.

Aunque siendo consciente que existen etapas de la vida donde tienes que convivir con personas desagradables regularmente, quieras o no porque no tienes la capacidad adquisitiva para mudarse y comenzar un estilo de vida independiente, es bueno que la psicología oscura te de algunas herramientas para poder llevar mejor el trato con esas personas.

Pero antes es importante dejar algo bien claro. Si el motivo por el cual no se puede convivir con esa persona dentro del mismo EP es por asuntos de violencia, no es necesario leer todo un libro y menos aplicar métodos de psicología oscura, se debe levantar el teléfono y formar una denuncia. La violencia en el hogar nunca es buena, sea de padres hacia hijos, de hermanos o de pareja.

Ya dejando en claro eso, es hora de entrar a los resultados para mejorar el EP. Primero y aunque cueste de decir, es aceptar parte de la responsabilidad. Si, quizás pensarás que tu no haces nada y es ese algo del entorno o ese alguien lo que siempre perturba tu paz, pero amigo ¿No crees que no hacer nada es justamente el problema?

La psicología oscura es importante aplicarla con uno mismo, es introspectiva, por lo que es importante mirarse uno mismo y aceptar donde uno puede estar fallando. No es justo para nadie tener un EP que sea incómodo, poco agradable, que representa un freno para el progreso, por eso es importante canalizar las energías pero lo primero es mirarse uno mismo.

Lo primero que se debe hacer es dejar de ponerse en el rol de víctima, la lastima no llevara a nada y toda frase que mantenga ese rol y que te haga creer, hacer pensar o incluso decir que no tienes escapatoria deben ser erradicadas.

Decir "No puedo hacer nada / No me dejan / Es imposible hacer algo aquí / Nadie entiende mi situación / Estoy obligado a tolerar eso" o cosas por el estilo solo le dan fuerza al EP insatisfactorio haciéndote dueño absoluto de tus necesidades y lo que puedes o no puedes hacer. Nada más peligroso y arriesgado que algo o alguien que no seas tu mismos tenga poder absoluto sobre ti.

Sí, es verdad que el EP tiene cierto control sobre nosotros, como algunas actitudes que debemos cumplir y las normas y éticas que debemos cumplir de forma más frecuente, dichas normas que terminamos llevando para todos lados el resto de nuestra vida. Pero existe algo que el AP no te ha querido admitir, y es que tú también tienes control sobre él.

La realidad es que no debemos sentirnos tan abrumados con lo que puede hacer o dejar de hacer el EP en nosotros, y es entendible que a veces esté compuesto de personas manipuladoras, groseras y que siempre se crean más importantes que nosotros, pero nada más lejos de la realidad.

Esas personas no son más que eso, obstáculos para uno avanzar, cuando aceptamos eso debemos visualizar hasta dónde llegaríamos sin ellos, nuestras capacidades sin esa clase de obstáculos y luego motivarnos para llegar a ese punto sin importar que esté ese freno puesto. Es momento de hablar de superar los Obstáculos de forma más contundente en el EP.

## 5.3 Nuestro auto concepto en nuestro entorno perpetuo

Primero vamos a tomar en cuenta el rol que tienes en el EP. ¿Eres parte secundaria de él? ¿Eres reemplazable? ¿La persona que menos se hace sentir? ¿El ser más indispensable?

¡ERROR! Eres el personaje principal de tu EP, porque aunque compartas EP con otras personas, es TUYO, y tú eres la persona más importante, el protagonismo, lo que debe pasar y dejar de pasar es por ti y para ti. Debes comenzar a creerlo y entender que eres el protagonista principal de tu vida. Si tu vida fuera una serie, el título llevaría tu nombre.

Pero como bien protagonista, aunque todo se trate de ti, debes enfocarte siempre en lo mejor para todos. Claro, el bienestar de tu entorno puede ayudar a que tú estés mejor y es por eso que se hace. Como protagonista debes tomar un rol más activo en la vida de todos los de tu entorno enfocado en un solo pensamiento "Puede mejorar".

Pero el primer paso para ir mejorando el EP es mejorar uno mismo, y para eso quiero que por un instante cierres el libro y tengas una conversación contigo pensando en el siguiente ejemplo. ¿Quién eres y qué tan importante eres para ti mismo?

Tu importancia procura categorizarla del 1 al 10. Por favor no dejes de meditar ni vuelvas al libro hasta que estés 100% seguro del resultado que te diste.

Sin trampa, cierra el libro al menos por 5 minutos y guía tus pensamientos con esa pregunta. Habla contigo mismo, quédate un rato con tus pensamientos y no caigas en distracciones que esta puede ser una de las conversaciones más importantes que tendrás en tu vida.

Vamos con tus resultados ahora.

- **Si te diste un valor personal de 8 a 10:**

Muchas personas dirán que eso está mal, muchos querrán que cambies y dirán que eres una persona creída, pretenciosa, soberbia, entre otras alegorías que representan tu ego alto. Se ha visto mal esa clase de creencias de uno mismo a nivel social por varios motivos, pero vamos a mencionar lo que nadie dice.

Ese nivel de autoestima no está mal, siempre y cuando no le hagas daño a nadie. Pero está bien que te considéré la persona más importante en tu vida, porque es tu vida, debes ser totalmente importante, debes amarte, quererte al máximo, y son las personas que no se aman o que les cuesta ver que exista un amor dirigido hacia otros y no hacia ellos los que más sufren al verte amarte y dirán esas cosas de ti.

La realidad es que amarte a ti mismo, sentirte importante no obliga a nadie a que te vea importante, basta con que tú te ames.

- **Si te diste un valor de 5 a 7:**

Muchos lo llamaría estable, pero realmente el punto máximo de este margen, el 7 es el único que podríamos aceptar. De 7 en adelante, sí, pero un 6 y menos un 5 son suficiente. Estas muy cerca de la mitad, es decir, ¿Eres medio importante en tu propia vida?

Socialmente, y en la psicología como ciencia está bien visto que te des un puntaje alto, pero no tanto, porque nadie quiere que saques el máximo de tu potencial, y ese potencial solo lo puedes sacar si crees que lo tienes, si eres el 10/10 de ti mismo.

- **Si te diste un valor de 0 a 4:**

Aquí entramos en un gran problema amigo, de verdad te tienes que valorar mucho más y la psicología oscura es buena y necesaria para ti, pero para que realmente haga efecto es importante que asistas a terapia con un psicólogo profesional el cual pueda guiarte a un valor más saludable para ellos, hablamos, de 5 a 7. Después la psicología oscura se encargará del resto.

El conflicto que se encuentra aquí no solo trata de lo que consideras de ti mismo si no de lo que tu EP ha conseguido hacerte creer de ti mismo. Y este es el punto donde se tiene que decir, tú no eres lo que los demás crean de ti, tampoco eres lo que digan de ti, eres lo que haces, lo que tú dices, lo que demuestras con hechos y el valor que tú mismo te das.

Lo que nosotros somos es un constructo psicológico interno, que fue creciendo con los factores externos del EP y claro, los factores biológicos. A veces por ser de una forma, sea flaco, gordo, muy alto o bajito podemos sentirnos menos, dependiendo de distintos factores sociales y cómo nos permitan sentirnos.

Pero a este punto es donde elaboramos la idea de que lo que somos no depende de lo demás, solo depende de nosotros mismo y el factor más fuerte de los tres mencionados es lo que nosotros vemos de nosotros mismos, el factor psicológico y como nos vemos.

¿Con quién pasamos más tiempo? ¿Quién es la persona que siempre está escuchándonos y hablando con nosotros? La respuesta es, nosotros mismos, siempre estamos con nosotros, nuestra soledad realmente es la mejor compañía, y es por eso que se debe mejorar el trato que tenemos para nosotros mismos. Hablemos de eso.

## 5.4 Cuando somos nuestra mejor compañía

Cuando estamos solos, nuestros pensamientos se convierten en nuestros consejeros, en nuestras respuestas, nuestras preguntas, en nosotros hablando con nosotros mismos. Sin llegar a un trastorno de personalidad múltiple, es normal que nosotros nos convirtamos en 2 o más de nosotros mismos para establecer conversaciones.

Pero algo que no sabemos es que el EP ha alterado ese pensamiento y muchas veces lo que creemos que nosotros nos decimos es solamente el reflejo de lo que nos han dicho por años.

Por dar un ejemplo, puedes estar solo y necesitas cocinar, pero no sabes cómo, intentas hacerlo y te dices a ti mismo "No vale, no voy a poder, mejor espero llegue alguien" y la pregunta es ¿Por qué te dices esto a ti mismo? Posiblemente llevas años escuchando por tu EP que no puedes, que no lo intentes, que no lo hagas, que no, que no, y que no. Ese pensamiento que te han creado causa que no confíes en ti mismo y tus conversaciones internas sean tan dramáticas y tristes.

Pero no, no es culpa tuya, es culpa de tu EP que ha creado ese pensamiento de que no puedes. Crees que es tuyo, crees que tú mismo no confías en ti, pero la verdad es que el EP es el que no confía en ti y te ha manipulado para que no confíes en ti mismo.

Para eso es importante crear algunos cambios en nuestras conversaciones internas, es necesario hacer algunos cambios y esto se logra con algunas preguntas.

- ¿En verdad no puedo?

- ¿Yo pienso eso de mí?

- Si no lo he intentado ¿Por qué dudo tanto?

- Quizás fracase, ¿Pero qué importa?

- No sé hacerlo, ¿Pero cómo aprendo si no lo intento?

Es una especie de psicología inversa usada en ti mismo para mejorar tu autoestima y lo que crees de ti. De esta forma logramos ser nuestra mejor compañía, mejoramos para nosotros mismo y mejoramos nuestro auto concepto y capacidades internas.

No obstante, quizás te preguntes qué tiene que ver esto con usar el entorno a tu favor, bueno, esto lo explicaremos detalladamente a continuación.

## 5.5 ¿Quién tiene mayor control en el entorno cambiante y entorno perpetuo?

En la mayoría de los casos el que posee el control tiene un rol muy específico el cual es simple de determinar quien posee el mayor control. Estos roles son el dueño, el jefe, el profesor, el padre y en pocas palabras, el que posea el rango letárgico más importante, es esta persona la que posee un mayor control en el entorno generalmente.

Es algo de esperarse e incluso una meta. Ser el dueño de algo, tener el cargo de jefe incluso de gerente es un deseo de poder, y algo que muchos niegas es que el deseo de ser padre como de ser profesor también va de la mano con el deseo del poder. Poder controlar a un grupo, así sea pequeño, solamente a la familia se siente muy satisfactorio. Este deseo de poder es el que nos lleva a buscar el control, sin embargo, todo lo que se estaba hablando del auto concepto y lo importantes del amor propio. Aunque muchos no lo saben, tendemos a seguir a las personas no solo por el rango, si no por lo que transmiten y una persona que se ame, una persona que se considere muy importante, transmite serlo varias personas van a creer que sí lo es. Por eso el amor propio es un tema extenso al momento de hablar de controlar nuestro entorno, de tener nuestro EP y EC a nuestro favor.

La confianza en nuestras capacidades es la mayor herramienta que tenemos para el control del entorno, pero lo que debemos tomar en cuenta y cortar toda clase de ideas prejuiciosas de las personas que realmente tienen el control es que, el rango, es lo segundo más importante.

Si, quizás pensaran que es completamente contrario a lo que se está diciendo, pero la verdad es que la persona de mayor rango de autoridad social es que él visiblemente tiene más poder, es aquel que parece que da las órdenes y a simple vista, el más importante. Pero muchas veces existe alguien en el público, detrás del telón que posee poder hacia esa persona.

Para controlar el entorno, pero para un control más fuerte del entorno, no debes ser la persona importante, no debes ser el profesor, el dueño del local o el capitán del equipo. El verdadero poder lo tiene él que es el mejor amigo o consejero de estas personas, el que corre menos riesgos y mayor control.

El nivel de riesgo va bajando radicalmente porque, piensa en un líder de 40 personas, que quizás a 5 le caigan mal. Esos 5 harán todo lo posible por derrocar a ese líder, manipularon y hablarán mal de esa persona hasta que por fin desista, y entre otro a tomar el liderazgo. En el momento que uno salga y el otro entre, la persona amiga del primer líder no necesita irse, solo ofrecer sus servicios al nuevo líder y mencionarle que está dispuesto a apoyarlo a hacer mejor. De esta forma el poder nunca se pierde y el control es constante.

Es en momentos ocasionales donde se es la imagen de autoridad, pero esos momentos pueden ser riesgosos. Aunque de llegar, ya el control es de uno. Pero la pregunta que muchos se deben estar haciendo es ¿Cómo se puede llegar a controlar a la persona de mayor poder?

La verdad es que existen distintas maneras, pero todas se pueden resumir en dos términos que se puede resumir en dos términos.

**Iniciativa:** Algo que crea la confianza en los superiores, hará que no molesten mucho e incluso te den bastantes libertades es que tengas la iniciativa de hacer las cosas antes que te las digan. Debes ver que es lo que siempre se hace, las tareas recurrentes de ese hogar, trabajo o instituto y hacerlas de antemano.

De esta forma comenzarán a darte libertad porque son conscientes que lo que haces, lo haces bien, y poco a poco tendrás un trato especial diferente al resto. Los superiores te tendrán en cuenta, pero la iniciativa es lo primero para la segunda palabra clave y la más importante.

**Inteligencia:** Debes empezar a hacer las cosas diferentes, un poco más rápido, mayor eficacia. Consigue los mismos resultados pero de mejor manera, demuestra que puedes rendir más.

Usa tu creatividad e imaginación que bien, podríamos poner como 2 palabras diferentes, pero al final todo se engloba en la inteligencia que necesitas para tomar iniciativas creativas, más inteligente y es cuando podrás dominar a los superiores.

Pero la creatividad y la iniciativa no es algo que vas a presumir, solamente hacer notar, y a diferencia de la creencia de muchos, no vas a buscar al superior, debes ser paciente y esperar que él te busque. Que note tu trabajo y te pida un consejo para algo o te felicite. Después de eso, ya sabes que tienes el control y podrás hacer ofertas o recomendaciones para llevar el EP de la forma que prefieras y volverlo más cómodo para ti.

Puedes dar consejos combatientes solamente para ti, algunos muy extraños y carentes de sentido pero es algo que te gusta, gracias a que has demostrado que puedes hacer cosas extraordinarias solas y de forma creativa, entonces confirmaron en ti ciegamente y tendrás un gran poder.

Aunque el entorno perpetuo es importante y más para el desarrollo personal, no lo es todo. Este solo ofrecerá estabilidad y te ayudará a mejorar como persona, lo que es totalmente importante en la psicología oscura. A diferencia de la creencia popular, la psicología oscura bien usada es para tener personas sanas, pero con poder, con control en ellos mismos, y esto no es posible si el EP no está controlado o al menos equilibrado.

Un entorno conflictivo y sin control solo terminará creando a una persona conflictiva y sin control, por eso es de suma importancia siempre estar atento, pero esto que se dice no es solo para ti mismo, es para ver los entornos de otras personas y tengas cuidado con aquellos que vienen de EP que no están controlados prácticamente por nadie, esas personas pueden ser peligrosas hasta para ellos mismos.

Manejar tu entorno siempre será una práctica, una forma de comenzar a desarrollar mejor tus capacidades para tener metas más grandes, para subir tu autoestima y tener más poder en ti mismo y en los demás.

Pero existe un poder más grande que el de los cargos, incluso del que está atrás del cargo y también puedes conseguirlo. Puedes tener forma o no de varias formas, y es el poder social, controlar a las masas y ser la voz y el equilibrio de todos.

# Capítulo 6: El poder de las masas

Facundo Cabral dijo "Le tengo miedo a los idiotas, porque son muchos y tienen el poder de elegir por mayoría de votos incluso al presidente" Frase cómica, frase icónica, y muy cierta. La cantidad tiene poder, las masas tienen gran poder, si muchas personas se enfocan en lograr algo tienen más posibilidades que lograrlo de forma individual. Ese algo sea bueno, o malo. El mayor poder que tiene un tirano no está en su fuerza bruta ni económica, sino en su carisma e inteligencia que le permite tener ejércitos apoyando sus ideologías. Puede estar muy equivocado, pero la verdad es que eso carece de importancia. No se trata de tener o no la razón, basta con que la mayoría de las personas lo crean.

Es un hecho social que hemos visto en la historia en muchísimos casos, desde el pensamiento arcaico que el planeta era plano, algo que duró por siglos hasta que poco a poco la ciencia se fue posicionando y tomando fuerza quitando esas ideas. Que el sol giraba alrededor de la tierra, algo que llegó a quemar a un hombre por decir lo contrario. No se trata de tener la razón, sino que la mayoría de las personas pensaban otra cosa. Y el ejemplo preferido, son las religiones, el cual con el pasar de los años son los expertos y grandes maestros de la psicología oscura de como poder controlar las masas.

Ya aclarado que es el entorno y cómo podemos ir usándolo poco a poco a nuestro favor, tomando en cuenta las escalas de poderes, los tipos de entorno, incluso un poco más atrás los colores, es hora de hablar del control de las masas.

Manipular a una persona es un proceso específico y a su vez, ligeramente más fácil, entre más sepa de la persona y del entorno es más fácil de controlar, pero para tener un control de las masas es importante saber los puntos generales que definen esa maza.

Es decir, la población que quieres controlar debe tener una serie de cosas en común. Puede ser un salón de clases con 40 personas, o un país entero con millones de habitantes. Recuerda que la meta no está en todos, si no en una mayoría. El número clave en esta clase de casos es 51. El 52% de la población debe estar de tu lado para tener un control del grupo social.

¿Pero cómo lograrlo? La verdad existen muchas formas y la historia es nuestro mayor aliado al momento de investigarlas, estudiarlas y conocer cada una. Como hemos resaltado a lo largo de este libro es importante tener una cama de conocimientos externos los cuales se complementaran.

En este caso la historia universal te va a ayudar bastante, haciéndote preguntas de cómo Hitler terminó teniendo un ejército, como Napoleón movía tanta gente de su lado y como las iglesias pese los años aun no pierden su poder. Vamos a ir explicando punto por punto.

## 6.1 El enemigo en común

Una de las estrategias de descentralización del carácter de culpa personal utilizado durante años por las religiones es crear un enemigo en común. Esto hace que las personas se unan en un pensamiento buscando derrocar a ese enemigo tan peligroso y maligno. En el caso de la religión católica que usaremos de ejemplo en este caso, es el demonio, el diablo.

Manteniendo este ejemplo, el enemigo en común sea real o imaginario es el que nos hará culpable básicamente de todo lo que se nos ocurra. En el caso de la religión, recuerda que afirman que tú nunca eres malvado, eres un ser de Dios y haces el bien, pero es el diablo el que constantemente te está tentando y todo es culpa de él. La única forma de vencer al diablo es estar todos juntos, salir del mundo de pecadores y entrar a la religión la cual es la única y correcta que te salvará. Claro, todas las religiones dirán siempre lo mismo.

Al enfocar tu discurso a las masas con un enemigo en común lograrás que todos los que detesten ese enemigo estén de tu lado, ya que eres tú quien ofrece una respuesta para que ese enemigo en común deje de afectar en sus vidas.

El mismo método religioso lo vemos en la política, algunas veces con ejemplos y casos muy extraños que al final funcionan y otras de forma más objetiva. Se sabe de políticos que han afirmado mejorar las condiciones climáticas de un país y la gente les cree, porque el clima es un problema y ofrece soluciones. Es un enemigo en común. Claro, nunca logran solucionar nada pero lograron su objetivo, obtener votos.

Es muy repetitivo y constante que ese enemigo en común no logre ser derrocado, pero la verdad es que no importa tanto ganarle o no al enemigo, se trata de que las personas sientan esa empatía porque estás odiando y atacando lo mismo que ellos odian. Es una ecuación social muy común, el amigo de mi amigo, es mi amigo, el amigo de mi enemigo, es mi enemigo y el enemigo de mi enemigo, es mi amigo.

Somos la respuesta a todo lo que la gente odia, una solución y es por eso que se vuelve fácil controlar masas. Para esto también es bueno manipular un poco el problema para que sea más obvio y de esta forma tener más gente de tu lado. Existen casos de personas que no sienten el problema, aunque exista, y ellos serán los encargados de no seguirme y hablar mal de ti, considerar que eres un abusador y un manipulador, pero recuerda cual es el número clave en estos casos. 51%.

Siempre que busques un control de masas es normal que muchas personas se pongan en contra tuya, pero es algo que no le debes prestar la más mínima atención. Tu poder está en el 51% el otro 49% se divide entre ellos mismos personas que le das igual, personas que no saben si apoyarte y personas que te odiaran, solo por llevar la contraria. Pero la mayoría de personas ya es tuya.

## 6.2 Ponerse emocional

Siempre se ha hablado a nivel de poesía y filantropía que la mente y el corazón están en un constante conflicto. Que muchas veces nuestras emociones están en contra de nuestro razonamiento y que el corazón posee razones que la razón desconoce. Pues les diré, que si han escuchado algo de ese estilo, que somos esclavos de nuestro corazón y que el amor es la fuerza más grande que lo puede todo, han sido víctima de otra gran manipulación.

Uno de los tipos de manipuladores más comunes son los manipuladores emocionales, pero realmente es un método casi innato, entrando al campo del maquiavélico y el sociópata. Se trata de demostrar que eres capaz de cumplir y corresponder a todas las emociones que siente la otra persona, dejarte llevar por tus emociones y expresarlas de forma apasionada para que la otra persona considere que eres un ser sensible.

La mano de las emociones, o al menos demostrar ese control permite que la otra persona baje sus defensas, pero este manejo debe ser de varias formas, expresando que puedes amar con mucha intensidad, que cuando algo te causa tristeza llorar y si te enojas saber canalizar esa molestia. Al momento de tratarse de una persona es fácil usar esta técnica y existe mucha información del tema en internet, pero para hacer un trabajo de manipulación de masas es más complicado.

La canalización de emociones para el control de masas es parecido al enemigo en común, pero en esta oportunidad debes guiar el enfoque a un amor propio, mostrar que amas aquello que los demás también aman pero con mayor intensidad que ninguno, que eres la persona que más ama el objeto, lugar o persona amada por las masas en ese momento, y estar dispuesto a expresar todo lo que sientes al máximo.

Esta es una técnica que ha sido usada por los gobiernos socialistas desde hace años mostrando un gran amor hacia el país. Y el mayor poder de la psicología oscura no está en tener las emociones, sino hacer que la otra persona despierte emociones nuevas. Es simple y hablemos nuevamente del socialismo, habla que amas con locura esa ciudad, demuestra que la ama paseándose, y siempre busca algo bueno que decir de ella, di muchas cosas buenas, llora con mucho dolor por lo malo, promete que lo mejoraras porque es una ciudad hermosa que merece lo mejor y lo harás con el amor que le tienes, y poco a poco pasarán dos cosas. Las personas que aman la ciudad de verdad, te seguirá, y algunos quizás no le prestaban tanta atención, pero gracias a ti, comenzarán a amarla.

¿Y es necesario sentir ese amor? Pues la técnica está en la actuación, como mencionamos antes, es bueno saber un poco de distintas áreas. No importa si no amas, lo importante es que todos los demás sientan que eres la persona que le va a poner más corazón, así no sientas ese amor incondicional que presumes.

## 6.3 La risa es una gran herramienta

Quizás parezca un chiste y realmente es la intención, mostrar un toque de humor a varios temas serios puede marcar una gran diferencia al momento de captar un público. Recordemos la frase con que comenzamos este capítulo, hay que tenerle miedo a los idiotas, porque son muchos.

Existen temas importantes y muy serios que al momento de hablarlos no captaste suficiente atención del público. Hablamos de problemas económicos, situaciones de pobreza extrema, los cambios climáticos que afectan nuestro planeta, el abuso de violencia, enfermedades mortales, etc. Son muchos temas que al hablar de ellos de una forma sólida, que realmente funcione es importante hablar de química, biología, economía, usar matemáticas complejas, diversas ciencias y una serie de términos que, seamos sinceros, más del 50% de las personas no la entienden.

Pero además del amor y la música existe un medio que todos podamos disfrutar por igual, qué es la comedia. Nadie pone las películas o series de comedia como su favorito, pero es seguro que a nadie le disgusta, y es lo que aprovecharemos. Quizás no sea el género más amado por nadie, pero es el menos odiado a nivel general y más fácil de combinar, porque de todo se puede sacar un buen chiste.

Este es una estrategia para que, precisamente la gente que no es tan inteligente no se sienta excluida, se trata de hablar de problemas que todos tienen, problemas que para algunos se ven simples pero realmente son más complicados. Por dar un ejemplo, ¿Cómo es que el sueldo cada vez sirve para menos? Se podría dar una charla de economía muy larga y detallada donde se deja en claro el porqué de los problemas económicos, pero de 100 personas que te escuchen al principio serán unos 10 que se queden hasta el final y te den su voto, pero si haces de ese tema una comedia, un chiste, una parodio, seguro de 100 se quedaran el tan esperado 51 o más.

Ni siquiera tienes que ofrecer soluciones contundentes, lanzar varios chistes del problema y cerrar que si cuentas con el voto de ellos harás lo posible para solucionarlo, tendrás ese voto seguro. Y es correcto, "Hacer lo posible" no es una solución, no es algo válido realmente, es una burla para los votantes, pero precisamente es lo que estás ofreciendo, una burla.

Es una estrategia buena para intercalar con otras y más usada cuando se tiene un contendiente que es muy rígido, con unas burlas y chistes no tan directo hacia la competencia se puede traer las masas hacia uno, aunque muchas veces esto puede demostrar que no se tiene conocimientos del tema y por eso se usa el humor, para tapar la falta de conocimientos. Es muy importante usar esta herramienta con cuidado y sabiduría.

## 6.4 Reforzamiento del sentimiento de culpa

El primero punto que hablamos es la búsqueda del enemigo en común, donde todos somos inocentes, pero existe un culpable en general donde todos guiaremos nuestra mirada y es uno el que guiará las masas a ganarle a ese único enemigo. Es una estrategia funcional, pero arcaica. Con el pasar de los años nació una técnica completamente opuesta pero igual de funcional que es el manejo de la culpa de todos en general.

Este a diferencia del método del enemigo en común, es una búsqueda de consciencia donde se mantiene el ideal de que todos podemos hacer del mundo un lugar mejor, todos podemos poner de nuestra parte, todos podemos ayudar y la única forma de que todos lo hagamos, es si todos te siguen a ti. Si, sé que puse la palabra todos muchas veces, pero es parte de la estrategia porque las personas generalmente quieren sentirse parte de un grupo, parte de un gremio, y resaltar que no están solo se sienten necesarios y acompañados en esta misión tan importante que es mejorar.

Se trata de que todos se sientan culpables e incluso los malos de los problemas que está pasando en el espacio, sea el trabajo, el colegio, la ciudad o incluso un país. Todos se pueden sentir culpables pero se debe resaltar que no se va a mejorar al menos que todos estén del mismo lado para mejorar y ese lado es el tuyo.

Creando y desarrollando la consciencia pero sin dar las soluciones completas del problema es lo importante aquí. Debes dejar claro que todos tenemos la culpa, pero la solución no la tienen todos, la tienes solamente tú. A su vez, es importante que entiendan que en este punto tú los podrás guiar a arreglar todo lo que está dañado, pero al igual que todos fueron culpables, todos deben colaborar a la solución, pero solo bajo tu guía.

Este es el método de control de masas más eficiente para que aquellos que te sigan sean obedientes, porque en el fondo quieren una redención de lo que hicieron, pero esta vez en vez de usar a Dios y al demonio, usas sus demonios internos y el que cumple el rol de dios en este caso, eres tú mismo.

¿Pero cómo insertar la culpa? Consiste en plantear muchas dudas, nunca señalando al otro ni diciéndole directamente que son culpables, se trata de hacer que todos se pregunten. Usemos de ejemplo el medio ambiente, ¿En serio crees que votando todo en un lugar ayudas al reciclaje? ¿No has pensado que gastas mucha agua cuando te bañas? ¿Tener tantos productos eléctricos prendidos en verdad es necesario? ¿Sabes lo que haces cuando tienes el vehículo prendido todo el día?

Esta clase de preguntas que no señalas a nadie como culpables, pero de un modo u otro llegarás al anhelado 51% de la población que necesitas de tu lado, haciendo varias preguntas para que al menos una de ellos.

## 6.5 Demuestra (O aparenta) que los conoces mejor que ellos mismos

Esta es la técnica más compleja y es necesario tener un control de las anteriores, incluso, una gama de conocimientos muy amplio. Se trata de que cada persona sienta que le estás hablando específicamente a él. Hablar con 100 personas y al menos 51 personas sientan que tu discurso es netamente personal, que va dirigido específicamente a él. No existe un grupo donde el encaje, existen muchas personas individuales que ahora vendrán a un nuevo grupo donde son iguales porque tú los juntaste. Es la creación de la masa desde cero con el poder de la psicología oscura en su máxima expresión. ¿Pero cómo lograr esto?

Además de ser la más compleja, es la más efectiva, porque necesitarás y podrás usar tus conocimientos de la psicología, sociología y claro, de psicología oscura. Es necesario aprovechar al máximo tus conocimientos y hacer un estudio desde lo macro a lo micro.

Pongamos de ejemplo una empresa con aproximadamente 40 empleados. Primero vas a separar los cargos que existen, luego, como se componen los grupos sociales, quienes son amigos entre ellos (No importa que se mezclen los cargos), todo usando la observación, sin intervenir. Observando cada grupo te darás cuenta quienes están más motivados, quienes no, aquellos que muestran actitudes negativas o muy positivas, todo esto será necesario para el segundo paso.

En esta empresa digamos que estás aspirando un cargo muy importante en recursos humanos, una vez tengas un estudio de los grupos pequeños y a nivel individual de cada uno debes comenzar a abordar aquel del grupo social que consideres que es el líder o una persona que influencia mucho en el grupo. Llegar de forma disimulada y dar a entender que sientes lo mismo que él, pero que sabes que podría mejorar.

Luego llega la parte cumbre, el gran discurso donde vas a abordar a todos al mismo tiempo utilizando la herramienta de la mirada segura, viéndolo a los ojos. Cuando hables con todo debes comenzar a mencionar que estas cansado de varias cosas en el lugar, pero con una carta y el apoyo de todos para que el tenga un mejor cargo todo mejorará. Luego, en pleno discurso empezarás a decir problemas específicos que conoces, pero sin decir de quien es el problema. Viendo a los ojos a la persona del problema. Por ejemplo, un compañero te menciono que no pudo ir a la boda del hermano, cuando hables con todos decir algo simple como "Esta empresa no respeta al a familia" luego mirar a los ojos a tu compañero y decir "Si yo estuviera a cargo, nadie se perdería cumpleaños, aniversarios ni bodas". Es solo una mirada, y sigues con tu discurso para todos.

En el mismo discurso debes usar esa mirada con un máximo del 10% de la población. Si son 40 personas, con usar esa mirada 4 veces basta, pero la debes usar diciendo problemas que tú sabes que él tiene. En ese momento, tendrás al 10% que no solo estará de tu lado, si no que sentirá que debe promoverte y hacer que todos te sigan, estará convencido que eres lo mejor para todos y buscará convencer a todos de esta nueva realidad que acaba de descubrir, te acaba de descubrir como un salvador.

La efectividad de este método, es que te conviertes en una especie de líder máximo, pero dentro de los mini grupos habrá fieles seguidores que serán líderes para sus grupos más pequeños. Lograrás separar el todo en partes pequeñas y solo debe enfocarse en una persona de cada una de esas partes pequeña, creando una mayor fortaleza porque no estarás solo en el liderazgo.

Al tener el control que hemos hablando en todo este tiempo, del 51%, el otro 49 se dividirá entre ellos mismos y al menos que se organicen de la misma forma que tú te organizaste, no podrán contra el ejército que creaste, y con el poder de que tienen las multitudes puedes hacer que muchas cosas cambien.

¿Qué quieres que esté de moda? ¿Qué lugar es más famoso? ¿Quién es el malo? ¿Quién es el bueno? Son cosas que no se definen por la ciencia, se definen por mayoría de votos, y la verdad es que tu voto será seguido por muchos, tú decides qué hacer. Esto te convierte en lo que se conoce en este siglo XXI como influencer, un término actual para las personas que logran influenciar en muchos otros.

Actualmente lo mejor para medir tu capacidad de control de masas son las redes sociales, aquellos que logren hacer o mostrar algo y lograr que un gran número de personas lo repitan, son los que tienen el control de ejércitos. Por dar un ejemplo, si eres una persona que mueve masas y vas a comer a un pizzería, puedes solicitar la pizza gratis a cambio de publicidad ¿Por qué te dirían que no? Tienes cientos de miles de seguidores, si te ven comiendo pizza, esos miles dirán que esa pizza es la mejor e irán a comer hasta ese lugar.

Ese es el poder de las masas, de la democracia, las mentes débiles no se toman el tiempo de pensar que es mejor o que vale la pena, simplemente ven números. Entre más personas estén en un lugar, si más personas dicen que es bueno, más personas estarán. Si tienes el control del 51% muchos de ese 49% quizás ni sepas quien eres, pero seguirán a la manada fielmente.

Y es verdad, el número clave es 51%, pero no te preocupes, poco a poco, lo importante es que no estés solo, si ya no eres uno, si no 2, rápido llega el 3, luego el 4, y así seguirás creciendo. Cuando te das cuenta muchos te seguirán, sin necesidad de sacar cuentas será obvio que eres un líder y podrás hacer lo que quieras.

Pero cuando se mueven masas, eres parte del ojo crítico de la sociedad, muchos te verán como un villano, como el malo, muchos te criticaran, pero es un tema completo que se debe tratar con cuidado y hablar con base.

# Capítulo 7 ¿Usar la psicología oscura a mi favor me vuelve una mala persona?

E sto es un tema amplio y que se debe aclarar desde un principio, y primero, de forma contundente es no, no te hace una mala persona, pero tampoco buena, realmente te abre los ojos al color gris de la vida donde no existe el bien y tampoco el mal, donde solo está la alternativa de lo que es funcional y lo que no es funcional. El bien y el mal son constructos cambiantes y sociales, dependiendo de las normas de cada lugar, esto lo vemos en culturas grandes, como diferenciar la cultura de Brasil con la cultura de china, siendo los 2 países más grandes del mundo pero con grandes diferencias, hasta en factores más pequeños como estar en la casa de los padres o en casa de unos tíos. Siempre hay algunos parecidos, pero el bien y el mal puede cambiar, por lo que el uso de la psicología oscura no nos puede volver mal, el dónde y cómo se use, puede que sí.

Para poder llegar a una conclusión de esta clase de preguntas es necesario profundizar más, porque nos han querido desde que somos pequeños a limitar la idea de lo malo y de lo bueno, cuando muchas veces los que se creen los buenos terminan haciendo daño, terminan como los malos y aquellos que son visto como los malos pueden que sus intenciones son completamente nobles y necesarias.

Al tener una visión más madura de la vida es normal caer en diferentes dudas y criterios de lo que está realmente bien y lo que está realmente mal y para eso es necesario tener un enfoque más centralizado en el objetivo. Qué es lo que se desea, y dependiendo de lo que se desee se puede definir lo que está bien, y lo que está mal.

En un hogar que se busca la paz y la tranquilidad el exceso de actividades y de ruidos estaría prohibido, pero en una casa de músicos es normal escuchar instrumentos en cada uno de los cuartos y cada hora del día, y no estaría mal.

Aunque lo que está bien y está mal es subjetivo, el cómo podemos definir cada uno si tiene sus fórmulas objetivas en cada una de las personas, hogares y culturas. Es más fácil de establecer y es importante saber diferenciar cuando algo está mal, y cuando no lo está pero algunas personas se pueden sentir ofendidas.

En la psicología oscura, esas personas que se ven afectadas por lo que hacemos que sabemos que no está mal, simplemente no nos importa. Esas personas poseen un nivel de debilidad mental que tenemos dos alternativas, buscamos complacerlos solamente para usarlos como herramientas gracias a su nivel de terquedad, pueden ser útiles más adelante para hacer algunos labores tediosos, o simplemente los ignoramos qué es lo más recomendado, no importa si ellos sufren, mientras sepamos que lo que hacemos no está mal.

Pero ese es el dilema, ¿Cómo sabemos si estamos haciendo bien o mal?

## 7.1 ¿Cómo sabemos cuándo se está haciendo algo malo?

La definición del mal está compuesta en muchísimos factores, estos más que todo por la cultura y religión de cada persona o espacio geográfico, esto tiene unos orígenes de disgusto a la mayoría de las personas, y es con esto con que podemos definir en primer aspecto cuando algo está mal. Disgusta a los demás.

¿Pero qué causa que los disguste? Ahora vamos a otro punto más específico, a veces esas cosas que causan disgusto es porque los ofende, y existe una línea delgada entre "Se siente ofendido" a "Lo ofendiste". Esa línea se marca en las acciones de uno mismo, mientras tus actos no vayan dirigidos de forma obvia a atacar o burlar a su persona, creencias familiares o amigos, entonces no lo estás ofendiendo. Pero si se siente ofendido realmente no puedes hacer nada más al respecto, ya es su decisión sentirse como le plazca.

Ya tenemos 2 puntos, está mal si disgusta y ofende a los demás.

El tercer punto y más importante de todos sería el daño a los demás, cuando existe un daño físico o psicológico hacia otra persona, eso simplemente está mal, y no ofrece puntos subjetivos o de opinión personal. El daño es daño, golpear a una persona si no es bajo un consentimiento sexual, motivos de guerras o deportivo simplemente está mal lo que hace que el acto sea malo. Es un daño que haces a una persona, sin embargo no siempre te convierte en un malo.

Hacer daño físico a otra persona puede ser justificado si estás defendiendo a otra o si es por defensa propia. Sin embargo debemos ser más inteligentes y tomar en cuenta que la violencia es el arma de aquellos que no tienen palabras para defender su punto. Nunca comenzar una pelea, pero si esta llega sola, se debe terminar e igual debemos ganar.

Lo que se considera mal está evidenciado en una frase simple, mientras no afecte a los demás, no está mal. Pero eso también implica que no nos afecte a nosotros mismos y debemos entender que existen cosas que afectan a los demás porque son muy sensibles, pero no es tu culpa realmente.

¿Y cuando la meta justifica los medios? Sí, es posible que tengamos que tomar malas acciones y afectar a los demás para un bien mayor, es algo que pasa en repetidas ocasiones pero debemos tomar en cuenta que las personas que serán afectadas serán pocos en comparación a los que saldrán beneficiados. Si la meta está en un beneficio personal que afectará a muchas personas, entonces sí se puede considerar que eres una mala persona, pero si ese beneficio personal te ayudará a poder ayudar a muchas más personas y reponer el daño que estás haciendo, entonces no eres malo, solo una buena persona que se vio en la necesidad de actuar mal. De la misma forma que se explica cuando haces el mal, se debe detallar cuando eres el bueno.

## 7.2 ¿Cuándo somos buenos y correctos?

Es increíble cómo la sociedad no solo ha inclinado la balanza a que los malos son muy malos, si no que ha convertido a los buenos en personas muy buenas, cosas que tampoco es verdad. Muchas personas viven de la necesidad y de la apariencia de ser buenas personas, pero esto es solamente eso, apariencias que en el fondo no son mejores que los que son llamados malos. Quieren la atención del público, no hacen lo correcto y esto es culpa del concepto simplista de lo que es bueno.

Una persona mala le hace daño a los demás, una persona buena, no hace daño. ¿Sencillo verdad? Pues no es tan simple, porque el querer complacer a todos, siempre cuidar a todos, siempre hacer lo que es correcto te puede llevar a cometer actos de ignorancia, por lo que ser bueno no es tan bueno.

Hablemos de la metáfora de bebe Hitler. Digamos que puedes viajar en el tiempo, pero sólo puedes llegar a la época en que Hitler es un bebe, entonces, tienes solo una hora con él bebe Hitler a solas ¿Qué haces? Si lo matas eres un tirano, es solo un bebe, si lo llevas con otra familia eres un secuestrador, si no haces nada acabas de dejar vivo al responsable de la segunda guerra mundial. ¿Qué harías para quedar como el bueno? Sin importar lo que hagas, no puedes ser el bueno absoluto de la historia, siempre habrá quien te critique y es por eso que los que son completamente buenos, la verdad, es que no son capaces de tomar esas decisiones tan complicadas. En la psicología oscura lo mejor sería el secuestro, criticado por muchos, pero a la larga un bien mayor.

Para ser el bueno no debes complacer a todos, debes crear un raciocinio crítico el cual te ayude a discernir en lo que a largo plazo es mejor para aquellos que tienes que proteger, a tu gente, tus vecinos, tus amigos, tu familia y en gran escala a tu país y la humanidad entera. Quizás a corto plazo no parezca lo mejor, pero debes mentalizarte siempre a largo plazo y pensar como las consecuencias de tus "buenas acciones" pueden traer terribles consecuencias.

Lamentablemente los buenos escribirán la historia, es lo que dicen, porque no sabemos si en otra realidad alterna los nazis ganaron y son los buenos de los libros. En esa realidad, ser nazis está bien, algo que actualmente está mal. Por eso debes enfocarte en lo que creas mejor y solo el tiempo dirá si eres bueno o malo, no es algo que puedas definir ahora mismo, no te debes estresar ni preocupar por esa clase de términos tan limitados que realmente nadie puede definir de forma contundente. Al final, la cultura asiática tiene razón, todo está en el equilibrio, tenemos algo de maldad en nosotros, tenemos bondad, el punto es saber aprovecharla y cuando nos toque ser los malos, hacerlo por una buena causa.

¿Pero cómo llegar a ese equilibrio?

## 7.3 La psicología oscura en el equilibrio del bien y el mal

Cuando hablamos de equilibrio entre el bien, el mal, lo que es correcto y lo que no, podemos caer en un bucle de debates psicológicos y filosóficos que prácticamente no tendrían fin. Existen tantos factores que pueden definir el bien y el mal que realmente, mantener la balanza en perfecto equilibrio en toda clase de situaciones y con toda clase de personas es prácticamente imposible. La psicología oscura que la balanza del bien y el mal no debe estar siempre equilibrada, pero sí en constante movimiento donde a veces es necesario ser un poco más malo y otras ser un poco más bueno. ¿Pero cómo diferenciar un momento del otro?

La verdad no existe un camino específico, es algo que iremos definiendo con estudios, preparación y discernimiento personal. Para esto es importante leer y aprender de muchas culturas para poder entender a los demás y poder aceptar cuando es preferible hacer el papel del malo con algunos pero ser el bueno para el otro. Debemos saber la cultura y la crianza de algunos para eso y aunque en algunos es más obvio, como lo es en los árabes y los chinos, para otros se vuelven más complejo y simplemente hay que ir con atención a las cosas que hacen y dejan de hacer para estar seguro de cumplir con sus normas. Es como una frase recurrente, a la tierra que vayas, camina por donde los otros caminen.

Pero la psicología oscura no se trata de complacer a todos, como ya hemos dicho varias veces, eso está mal, se trata de un equilibrio personal y hay que aceptar cuando ciertas actitudes de nosotros pueden caer algo mal, pero esto no significa que son malas. Puedes incumplir algunas tradiciones de otras culturas, pero ellos también deben aceptar que no es tu cultura, no tienes que cumplirla, y mientras no le hagas daño a nadie no eres el malo, por más que te quieran hacer ver que si lo eres. No puedes permitir que las delicateses personales te hagan ver como el malo, mientras no ofendas con palabras, no hagas daño con fuerza bruta ni irrespetos a los demás, no eres el malo.

Pero algo importante que se debe dejar claro es que en esa clase de situaciones tampoco serás el bueno. Para ellos, ser bueno es que cumplas al pie de la letra sus costumbres y tradiciones, pero eso aunque te hace ver como el bueno ante los ojos de los demás, realmente estás cayendo en las manipulaciones de esas personas. Lo podrán llamar costumbre, religión, creencia o tradición, pero no es más que el origen de la psicología oscura, como existía antes, disfrazada de la razón.

Aunque no te vean como el bueno, y efectivamente, no eres el bueno, tampoco eres el malo, es el punto de la creación imparcial donde no eres ni una cosa, ni la otra, donde no eres bueno, ni malo, donde simplemente eres imparcial ante esa clase de situaciones y sea a corto o largo plazo, todo terminará bien. La idea de que seas el bueno y el malo es otra forma de manipulación que no debes caer, lo que nos lleva al último punto a tratar.

# Capítulo 8: ¿Cómo saber si otra persona me está manipulando para hacer algo que no quiero?

Este punto es delicado y crucial realmente, porque la psicología oscura es una herramienta que, tener control de ella es importante, pero muchas personas la usan de forma natural, sin tener conocimiento de ella, pero quizás con conocimientos de filosofía, de psicología, o simplemente conocimientos empíricos que lo llevaron a ser de esa forma, siendo personajes que comparten con la triada oscura.

Las personas que son maquiavélicos, narcisistas y psicópatas o sociópatas existen sin necesidad de ser conscientes de que son de esa forma, es posible que lo sean de por su crianza, por su estilo de vida e incluso pueden serlo de nacimiento y estas personas hacen muchas técnicas de la psicología oscura para manipulación de forma natural. No son conscientes de que te están manipulando, pero es en este punto donde el conocimiento es la máxima herramienta.

Como lo mencionamos mucho antes, quizás una persona sea muy buena en algo como el fútbol, o las matemáticas, pero la práctica hace al maestro. Si no tiene un entrenamiento, una práctica más lejos que la empírica y más específica en el sentido del conocimiento de la psicología oscura. Todo lo que hemos aprendido lo podemos usar no solo para manipular, si no para prevenir ser manipulados y nos guiaremos en los puntos básicos de la psicología oscura, la triada oscura.

Ya tenemos conocimientos previos de la triada oscura y con las investigaciones personales que se pueden hacer en internet u otros libros del tema conseguirás bastante tema, bastante información de utilidad. No es sorpresa que muchas personas crean pertenecer a esta triada oscura, porque es tanta la información que existe que se presta fácilmente a malinterpretar. Esta clase de sobreinformación la tenemos que usar con inteligencia, y es donde nosotros buscaremos aclarar las cosas. Si bien, en el primer capítulo ya hablamos de cada uno de los miembros de la triada oscura para que uses esas cualidades a tu favor. Ahora vamos a explicarte cómo defenderte contra los demás, porque la psicología oscura no es solo un medio de manipulación y control de los demás, sino una herramienta importante para no ser manipulado ni controlado por nadie más. Quizás te preguntarás ¿Por qué se dejó esto hasta el final? Pues la respuesta es simple, es necesario saber todo lo que se dijo, de la forma que se dijo para que se ingiera de mejor manera.

Existen cosas que en este momento ya tienes un conocimiento, sea pleno porque lo recuerdas al pie de la letra, o inconsciente porque son ligeros recuerdos los que tienes en la mente, pero existen.

Ahora vamos a explicar uno por uno cómo defenderse contra cada miembro de la triada oscura e incluso, como ser ustedes quienes lo manipulen a ellos.

## 8.1 Defensa contra los maquiavélicos

Son personas que siempre buscan su beneficio, pero a diferencia de los psicópatas, son más emotivos, empáticos. Aunque busquen siempre llegar a un objetivo que los complazca, en la trinidad oscura aquellos que solo poseen este rasgo son de temer menos. Pero recordemos que una persona puede poseer la trinidad oscura en su máxima expresión, y generalmente, poseen 2 rasgos en niveles muy pequeños y uno que resalta más. Si resalta más el maquiavélico, será fácil de aprovechar.

¿Recuerdan el control de las masas? Ponerse emocional, es lo ideal en estos casos. Los maquiavélicos pueden trabajar de forma de que todos ganen, sin embargo, ellos siempre van a ganar porque consideran que son los que más hacen, sin embargo, buscarán la manera de hacer menos porque está en su naturaleza, el simple hecho de ser ellos mismos es suficiente para merecer lo que ellos creen que merecen, y es donde vas a defenderse y contraatacar.

Debes creer que efectivamente ellos merecen lo que creen que merecen, es más, asegurar que lo tendrán, pero alabar sus supuestas habilidades y mostrarte como una persona que siempre sabe menos que ellos, de esa forma, su afán de demostrar su capacidad hará que trabajen lo justo para lo que van a ganar y en algunos casos podrán trabajar más.

Estas personas poseen un talento nato para darse cuenta de las debilidades de las demás y usarlas en su contra, tomando en cuenta esto harás todo lo contrario de los que esperan. En vez de ocultar tus debilidades las mostraras, pero sumaras algunas cualidades tuyas que realmente no son debilidades pero buscará que se enfoque en ella. Por ejemplo, si eres malo en matemáticas y pero en idiomas eres muy bueno, mostraras mayor debilidad en idiomas que en las matemáticas. Si el desea perjudicarte te buscará llevar a un labor que requieras dominar distintos idiomas y contraatacar con tus verdaderas habilidades.

Otro rasgo que los caracteriza es que nunca se conforman con poco, ellos siempre van apuntar algo, quieren no ser buenos en lo que hacen, quieren ser los mejores, y este es el punto más débil que tienen.

Preséntate ante ellos como una persona humilde que no está interesada en llegar tan lejos como ellos, pero tiene las herramientas, contactos y medios para poder llegar, eres quien podría ayudarlos al éxito que tanto aspiran. Ellos tienen metas a largo plazo y tu las capacidades para que a corto plazo puedan ir avanzando, eres la diferencia entre subir escalones grandes con gran esfuerzo a subir pequeños escalones rápidamente. De esta forma dejarán de buscar manipularte y caerán en tu manipulación, pero como siempre, buscando su propia gloria y reconocimiento propio. Ya está en ti si permites que estén o no, pero como dijimos antes, es mejor ser el que está atrás del jefe, que el jefe.

## 8.2 Defensa contra los narcisistas

Su ego, su belleza, su necesidad de llamar la atención, son sus más grandes debilidades. Estas personas aunque se muestran como lo más importante del todo el entorno, la sociedad, la población y del mundo entero, la verdad es que tienen una autoestima muy baja y son fáciles de derrocar. La pregunta es ¿Qué quieres hacer con el narcisista? Si quieres hacerlos sentir mal, eso es fácil, pero lo mejor sería manipularlos para que hagan todo para demostrar que son los mejores.

Para ellos tu mejor arma es la psicología inversa la cual ha demostrado con el año que es muy fácil hacer que un narcisista haga lo que quieras con desafíos. Un ejemplo simple es que los dos sean nuevos en un trabajo de cocina, retarlo a ver quién pela las papas más rápido, quién lava los platos en menos tiempo, esa clase de labores que esperamos que el gane, claro el hace más, uno hace menos, pero al final los dos cobran lo mismo.

Son personas que jamás van a aceptar una crítica constructiva, son incapaces de aceptar un error, se puede manejar de una forma muy simple, no tienes que menospreciar, al contrario, tienes que halagarlos. Busca siempre vanagloria donde son buenos e ignora por completo donde son malos, ellos repetirán de forma constante donde saben que reciben halagos y dejaran a un lado el esfuerzo por hacer algo donde no sirven. De esta forma puedes ubicar a un narcisista en un rol que te convenga.

Para poder controlarlos, otro punto está en las redes sociales, su imagen personal y es donde puedes hacerlo ir y venir con mucha facilidad. Si es necesario hacer algún oficio a un lugar muy lejano, incluso fuera de la ciudad, buscar lugares turísticos donde se pueda tomar fotos será muy fácil. Transformar el viaje de trabajo en un escenario perfecto para presumir, y con un bajo presupuesto y llenando al narcisista de ideas que él tiene que estar ahí, es más, que ese lugar necesita de su presencia puedes hacer que haga el trabajo de viajar por ti.

Hacer que estén lejos es fácil, hacer que trabajen es fácil, ¿Pero porque son más complicados que los narcisistas? En realidad, una de las diferencias claves entre estos dos personajes está en el control de las emociones. Los naricita poseen un bajo control de emociones y se molestan con facilidad, es necesario garantizar que no se enojen porque son personas explosivas que pueden acabar planes de años en un instante, y dejar todo lo que están haciendo por un simple arranque de rabia. Mantener sus emociones al margen es un trabajo un tanto agotador, pero necesario para poder sacar el máximo provecho de ellos.

Siempre querrán hacerte ver que ellos son los que dan las órdenes, los que manda, pero de una forma elegante puedes ser el empleado que menos trabaja para el jefe más trabajador.

## 8.3 Defensa contra los psicópatas

Son personas que en el fondo no confían en nadie, no son responsables, y es importante que sepas cómo alejarlo, pero la idea de manipularlos es innecesaria porque son incapaces de hacer algo productivo por ellos mismo, por lo que es preferible que no intentes que hagan algo bien por ti, lo pueden hacer, pero de mala gana y mal hecho. Solo son un voto, una imagen que puede fingir que cuentas con su apoyo, pero la verdad es otra. Es bueno tenerlos siempre a la vista, pero nunca al lado, porque terminarán buscando que todo sea como a ellos les gusta que sea, simple, sencillo, rápido y quizás no efectivo, pero terminado que es lo importante para él.

Esta clase de comportamientos se puede ver desde el principio, son personas que suelen llegar tarde a los lugares, de intereses limitados e incapacidad de adaptarse por completo a un entorno. Esto no quita que puedan adaptarse temporalmente, incluso llegar a caer bien, pero su empatía es temporal y solo un objeto para manipular a otras personas a sus ideas y planes extraños.

No poseen planes a largo plazo y rara vez se escucha o se sabe que deseen algo más lejos de ese mismo año, pese a su gran inteligencia, porque son muy inteligentes, no son nada ambiciosos.

¿Qué puedes hacer a tu favor con un psicópata? Muéstrate humilde, trátalos con cortesía, pero nunca invasivo. No preguntes mucho de su vida, muestra un trato de igualdad, nunca como un extraño. Al ser personas tan excluyentes socialmente están acostumbrados a que los traten con rechazo (Básicamente reciben lo que dan). Si pese a lo repelente que sean te mantienes a una distancia, no los dejas de saludar con cortesía, no dejas de regalar una sonrisa y mantienes tu distancia, nunca verlo como amigo, pero si como una persona más y no como alguien extraño, estarás cuidando tus espaldas y tendrás un voto seguro si en el entorno donde comparten es necesaria la democracia, en ese caso, ese voto que nadie está tomando en cuenta puede marcar una notoria diferencia a tu favor.

Son personas que realmente no es bueno tener cerca, no es necesario manipularlas, pero no debes acercarte mucho ni ser el salvador que les dará esa amistad que crees que necesitan, en ese caso puedes terminar involucrados en acciones que, en muchos casos pueden ser hasta delictivas.

Un ejemplo cruel es de las masacres en colegio, cuando el joven psicópata va a hacer algo le dice a las personas que lo trataron mal que no vayan, mientras que a los que son sus amigos les piden ayuda para acabar todo. ¿Es cruel el ejemplo? Sí, pero real.

# En conclusión

E ste libro es un nuevo nivel de psicología oscura. Por eso se resalta varias veces que en internet encontrarán bastante información que es bueno que lean antes de entrar en este libro, porque no es una lectura básica, no psicología oscura para novatos. Damos una instrucción y luego profundizamos formas más elaboradas de aplicar la psicología oscura. No se busco caer en lo repetitivo y decir lo que se sabe de ante manos, se hizo un análisis de otras herramientas de la psicología oscura que han disfrazado con el tiempo.

La psicología de las masas, psicología del marketing, psicología del color, la sociología y el entorno y todo lo que ya has leído para llegar hasta aquí. ¿Sabes que notamos como problema? Que han buscado separar mucho la psicología oscura de las demás ramas de la psicología, siendo una rama independiente cuando no es así, la psicología oscura es todas las ramas de la psicología usadas en ti mismo para tener más poder y capacidad. No es una rama aparte, es el otro lado de la moneda de todas las ramas lo que te volverá más capaz, con un mayor control de ti mismo y de los demás.

La psicología oscura no se trata solamente de controlar y manipular a otros, el gran secreto de esta en manipularte a ti mismo para sacar la mejor versión de ti, cuando eres el mejor tú, los demás te terminaran siguiente solos, sin tanto esfuerzo.

Todo lo que se acaba de enseñar en este libro podrás hacerlo de forma natural, por lo que es importante que no leas una sola vez, ni en línea recta. Aprovecha el índice para revisarlo cada vez que sea necesario y mejorar poco a poco tus habilidades.

¿Es irónico verdad? Podríamos decir que hasta poético, pero es la psicología oscura la que terminará sacando nuestra luz interior, la que logra que los demás nos vean como una esperanza, que nos sigan, y que podamos usar a los demás. Quizás tus intenciones con este libro no sean buenas, pero como mencionamos antes, el bien y el mal no depende de lo que uno haga, si no como el otro lo interprete. Yo escribo este libro con las mejores intenciones y si tus intenciones al leerlo quizás no sean bien vistos en tu entorno, no es culpa del libro, ni siquiera culpa tuya, es culpa del entorno que no entiende las metas que tienes a largo plazo.

Pero este camino no ha terminado, y realmente es un camino de nunca acabar, siempre debes mantenerte en constantes estudio y práctica empírica para mejorar, para cuidarte de los demás, para poder aprovechar al máximo a los otros y lo más importante, para dar el 100% de ti mismo en cada una de las oportunidades que tengas. Te deseamos siempre lo mejor y esperamos con anhelo que disfrutaras el libro.

Made in the USA
Las Vegas, NV
04 January 2023